BEI GRIN MACHT SICH IHR WISSEN BEZAHLT

- Wir veröffentlichen Ihre Hausarbeit, Bachelor- und Masterarbeit

- Ihr eigenes eBook und Buch - weltweit in allen wichtigen Shops

- Verdienen Sie an jedem Verkauf

Jetzt bei www.GRIN.com hochladen und kostenlos publizieren

Elisabeth von Heyking

Deutsche Klassiker

Band 35

Weberin Schuld

Novellen von Elisabeth von Heyking

GRIN Verlag

Bibliografische Information der Deutschen Nationalbibliothek:

Die Deutsche Bibliothek verzeichnet diese Publikation in der Deutschen Nationalbibliografie; detaillierte bibliografische Daten sind im Internet über http://dnb.d-nb.de/ abrufbar.

Dieses Werk sowie alle darin enthaltenen einzelnen Beiträge und Abbildungen sind urheberrechtlich geschützt. Jede Verwertung, die nicht ausdrücklich vom Urheberrechtsschutz zugelassen ist, bedarf der vorherigen Zustimmung des Verlages. Das gilt insbesondere für Vervielfältigungen, Bearbeitungen, Übersetzungen, Mikroverfilmungen, Auswertungen durch Datenbanken und für die Einspeicherung und Verarbeitung in elektronische Systeme. Alle Rechte, auch die des auszugsweisen Nachdrucks, der fotomechanischen Wiedergabe (einschließlich Mikrokopie) sowie der Auswertung durch Datenbanken oder ähnliche Einrichtungen, vorbehalten.

Impressum:

Copyright © 2008 GRIN Verlag GmbH
Druck und Bindung: Books on Demand GmbH, Norderstedt Germany
ISBN: 978-3-640-20830-2

Dieses Buch bei GRIN:

http://www.grin.com/de/e-book/117331/weberin-schuld

GRIN - Your knowledge has value

Der GRIN Verlag publiziert seit 1998 wissenschaftliche Arbeiten von Studenten, Hochschullehrern und anderen Akademikern als eBook und gedrucktes Buch. Die Verlagswebsite www.grin.com ist die ideale Plattform zur Veröffentlichung von Hausarbeiten, Abschlussarbeiten, wissenschaftlichen Aufsätzen, Dissertationen und Fachbüchern.

Besuchen Sie uns im Internet:

http://www.grin.com/

http://www.facebook.com/grincom

http://www.twitter.com/grin_com

Elisabeth von Heyking

Weberin Schuld

[erstmalig erschienen 1921]

Bildnis der Verfasserin nach einem Gemälde von Fritz Rhein

In allen Ländern der Welt hockt Weberin Schuld und lauert, gleich einer bösen Spinne, auf Gier und Geiz und jede schlimme Regung in den Herzen der Menschen. Feinste Fäden dreht sie daraus und verknüpft sie zu unentrinnbarem Netze. Drin zappeln dann die Armen.

Inhaltsverzeichnis

Die Trommel..3

Paquito..28

Unter blühenden Mangobäumen...48

Im Tempel zu den späten Glückseligkeiten..................................65

Der letzte Schuß...79

Am Ende der Welt..90

Die Trommel

[3] Zu den indischen Bergen, wo sie einst glücklich gewesen, hatte es sie zurückgezogen.

Oftmals war ihr im Traum die ferne indische Sommerstadt erschienen, die, einem riesigen Wespennest gleich, an der Bergwand zu hängen scheint und aus kühler Höhe herabschaut auf die endlose, in der Hitze dampfende Ebene tief unten.

Nun, nach Jahren, war die einsame Frau wieder dort oben.

Aus dem lärmenden, dünnwandigen Hotel mit den wackligen Holzveranden, wo sie, nach der langen Postfahrt bergan, abgestiegen war, trat sie bald wieder hinaus und schritt durch die winklig gewundenen Gäßchen des Bazars.

Es war da alles wie früher, und, wie so oft im Traume, erkannte sie es nun in der Wirklichkeit wieder. Da waren die glatten, geschmeidigen Händler aus Delhi, die schimmernde Goldstickereien und glitzerndes Geschmeide in elenden Buden feilbieten; die feierlichen Kaschmirioten, die ihre Warenballen aufrollen und alte Schals ausbreiten, deren Farben wie bunte Kirchenfenster [4] glühen; die Holzschnitzer, die in offener Werkstatt immer wieder die gleichen durchbrochenen Wandschirme anfertigen. Kameele, in langer Reihe, zogen noch wie einst mit wiegendem Nicken der würdevollen Köpfe durch die Straße; neben ihnen afghanische Karawanentreiber mit grünem Turban und rotgefärbten Bärten. Unverändert waren auch die fetten bengalischen Babus mit ihren Imperatorenköpfen dekadenten Zeitalters, ihren togaartigen Gewändern, weißen Socken an nackten haarigen Beinen, schwarzen Zugstiefeln und baumwollenen Regenschirmen. Alles so unverändert, als müßten es noch dieselben Menschen, dieselben Tiere sein, die sie hier vor Jahren gesehen!

Aus dem Gewirr der Stimmen begann sie einzelne Klänge zu unterscheiden; sie hatte damals die Sprache der Eingebornen erlernt mit dem Eifer der Jugend und ihrem heiligen Glauben an den Wert des Wissens; jetzt erkannte sie die Laute, die sie so lang nicht mehr vernommen, und verstand alsbald wieder ihren Sinn.

Nun bog sie aufwärts zu dem bewaldeten Berge, wo die Bungalows der weißen Beherrscher des Landes verstreut im Grünen liegen. Hier begegneten ihr Regierungsboten in scharlachroten, goldbetreßten Gewändern; mit ernsten Mienen trugen sie für ihre fremden Gebieter Aktenmappen in die Ministerien oder auch [5] kleinere Schriftstücke in die Wohnungen der vielen schönen Strohwitwen, die, selbst Kühlung suchend, aus der Sommerglut der Ebene aufsteigen zu den Bergen und hier manch neues Feuer entzünden. Rickschaws kamen der Einsamen entgegengesaust, gezogen von untersetzten, mongolisch aussehenden Gebirgskulis; blasse europäische Frauen lehnten darin, und eine jede, wenn sie nur ein bißchen hübsch und jung war, wurde von einem Reiter begleitet, der in Sonnenhelm, Flanellanzug und hohen Stiefeln neben ihrem leichten Gefährte trabte; der Syce, mit der Pferdedecke auf dem Rücken, keuchte hinterdrein.

Auch das - ganz wie einst.

Und doch alles so verschieden.

Damals hätte sie die Namen all der weißen Frauen und ihrer Begleiter gewußt, - heute schritt sie grußlos an ihnen vorüber. Denn sie war selbst fremd geworden, niemand kannte sie mehr; für die rasch wechselnde Gesellschaft dieser Sommerstadt gehörte sie schon zu einer entschwundenen Epoche. Aber tieferer Unterschied noch trennte sie von jenen: alle, denen sie begegnete, hatten Zwecke noch und Ziele, standen noch im Zwang des Wollens; sie aber war wie losgelöst von allem Seienden, glich, lebend noch, doch schon den Schatten, die sehnsuchtsvoll Stätten einstmaligen Lebens umschweben.

[6] Ein seltsames Gefühl der Unwirklichkeit überkam die Wanderin. Wie im Traume stieg sie weiter hinan. Die Bungalows lagen nun alle hinter ihr; sie befand sich im dichten Walde. Aber ganz oben, nahe des Berges Gipfel, an den zerklüfteten Felsen gelehnt, in dessen Höhlen Gaukler, Schlangenbeschwörer und Fakire, die die heiligen Affen füttern, wohnen, - dort oben, wußte sie, stand noch ein Haus. »Das letzte Haus«, wie man es nannte. Dort hatte sie einst gewohnt. Nicht einsam damals.

Zum letzten Heim war ihr das letzte Haus geworden. Nachher - da war das schaudernde Erwachen aus dem Wahn gekommen, - aber hier, ja hier in diesem Walde, auf diesen selben Pfaden, da hatte sie ihres Lebens Traum geträumt. Unten im Bazar und zwischen den Wohnstätten der Weißen hatte sie nur all die altbekannten Gestalten wiedererkannt, die Statisten im längst gespielten Stücke ihres Lebens gewesen, - hier oben aber in des Waldes Stille, da fand sie sich selbst wieder. Sich - und ihn. - Die ganze entschwundene Vergangenheit erstand plötzlich vor ihr und füllte das tiefe Schweigen mit tausend Stimmen. Brausend rauschte es ihr aus den Kronen der knorrigen Deodare entgegen, murmelnd plätscherten es die gleitenden Quellen, säuselnd erzählte es der Wind in den Zweigen der rotblühenden [7] Rhododendren, flüsternd winkten und wehten Farren und Gräser es ihr zu: »Hier bist du glücklich gewesen.« - Und als sie einzelne alte Bäume erkannte, bemooste Felsplatten gewahrte, auf denen sie oft gesessen, und noch dieselben Blumen wie einst blühen zu sehen glaubte, da erschien ihr, was doch Jahre zurücklag und wovon sie durch schlimmere Abgründe als Jahre getrennt war, so gegenwärtig, daß sie wähnte, es wieder fassen und an sich pressen zu können. Nur noch ein paar eilende Schritte, das letzte, steilste Stück des Weges hinan und dann würde sie ihn wieder erblicken; am Eingang des Hauses würde er stehen - und es würde alles sein wie einst!

Und nun lag es vor ihr, das letzte Haus. Wie sie es oft im Traume geschaut. Die eine Seite dicht an den Felsen gedrängt, schien es sich fest an ihn zu klammern, um mit weit vorspringendem Dach und Altane hinauszulugen über die bewaldeten Abhänge und die endlose Ebene tief unten. Doch er stand nicht da.

Die Pforte des Gärtchens gähnte weit offen und mußte wohl schon lange so gestanden haben, denn rankendes Gestrüpp hatte Tür und Angeln mit dichten grünen Ketten umwoben. Die Pfade des Gartens waren überwachsen, Rasen und Beete zu einem Feld blühenden Unkrauts geworden. Von allen Seiten drang wuchernde [8] Wildnis ein. Dazu zirpten unzählige Zikaden, schillernde Libellen schossen surrend durch die Luft, Eidechsen raschelten an bröckelndem Gemäuer, langzüngige Chamäleone schielten nach schwirrenden Fliegen, Mücken summten in Schwärmen, wilde Tauben, gurrten wie im Traume. Am Boden aber hockte eine Schar großer grauer Affen; im Halbkreis umgaben sie einen der ihren; der war ein besonders menschenähnlicher alter Geselle und mochte wohl ihr Anführer sein; mit wichtigtuendem Geschnatter schienen sie Rat zu halten, während ihre übermütigen Jungen kichernd an den Zweigen schwangen. Und gerade diese Stimmen der völlig unbekümmerten Tiere erweckten ein Gefühl unendlicher Einsamkeit - sie sagten so deutlich, daß es da schon lange keine menschlichen Herren mehr gab, vor denen sie verstummen mußten.

Leise und behutsam schritt die Fremdgewordene durch den Garten, und ganz von selbst folgten ihre Füße den einstmaligen Windungen des verwischten Pfades. Zu der offenen Veranda führte er, die rings um das Haus lief. Und sie trat ein.

Wie oft waren sie beide da zusammen eingetreten! Wenn sie, müde vom frühen Morgenritt, nach dem grellen Sonnenlicht draußen hier schattige Kühle fanden; oder wenn sie, abends spät von Gesellschaften heimkehrend, [9] noch einen Augenblick hier stehen blieben, ehe sie zur Ruhe gingen, und aneinander geschmiegt zurückblickten auf die tausend kleinen Feuer der Leuchtkäfer, die draußen im Gebüsch des nächtlichen Gartens blinkten.

Und die Diele der Veranda knarrte laut, als erinnere auch sie sich an all das!

Glastüren führten in die einzelnen Räume. Durch verstaubte, von Spinngeweben überzogene Scheiben schaute die einsame Frau in die Zimmer, die sie einst bewohnt, zaghaft, als läge da drinnen etwas, das nicht geweckt werden dürfe. Doch da war ja nur trostlose Leere, Verfall und Verlassenheit überall. Ihren sich erinnernden Augen aber verhüllten süße Bilder der Wirklichkeit Öde, und sie sah vieles, das längst entschwunden.

Weiterschreitend beschrieb sie unwillkürlich im Gehen Bogen, als wiche sie Möbeln aus, die doch nicht mehr vorhanden; schob mit der Hand unsichtbare Vorhänge beiseite, verweilte vor einer leeren Wand, als erblicke sie noch an ihr das aufgehängte Fell des Tigers, den er einst geschossen. Überall haftete für sie noch etwas von den Dingen, die damals gewesen; blühender Zweige erinnerte sie sich, die sie aus dem Walde mitgebracht und in hohen Vasen zu Sträußen geordnet hatte, und [10] der Bücher entsann sie sich, die sie, hier sitzend, gelesen. Verwehte Düfte, verhallte Worte umschwebten sie; Gedanken und Empfindungen, die verzaubert hier geschlummert, erwachten bei ihrem Nahen und fluteten ihr entgegen.

Bis zur äußeren, dem steilen Bergesabsturz und der Ebene zugewandten Seite des Hauses war sie nun gekommen. Hier gewahrte man, wie leicht und schwankend das ganze Gebäude war mit seiner weit ausladenden Veranda; schwächer noch und vergänglicher als andere menschliche Behausungen, einem Neste gleich, das jeder Sturmwind verwehen konnte, so hing es am Felsen.

Über das Geländer beugte sich die einsame Frau. Ihre Blicke glitten den jähen Abhang des Bergrückens entlang, an dem die Rhododendren mit ihren feurigen Blütenbüscheln emporzuklimmen schienen, wie ein Heer von finstern Trägern blutroter Fähnchen. Und weiter hinab schweiften ihre Blicke, wo unter diesem Gipfel immer neue, niedriger werdende Bergmassen vorsprangen, kauernden Riesentieren gleich, deren letzte Ausläufer sich wie langgestreckte Tatzen in die dunstige Ebene schoben.

Sie kannte dies Bild so gut - hatte so oft von hier oben mit ihm hinabgeschaut und gesehen, wie aus den [11] Bergfalten Nebelstreifen aufstiegen, sich zu seltsamen Gebilden formten und dann, von der Sonne aufgesogen, spurlos zerrannen. Und sie kannte auch den zitternden Zaubersang zahlloser Zikaden, bei dessen einschläferndem Zirpen sie beide hier manch heißen Nachmittag, in den niederen Strohsesseln liegend, hingedämmert hatten.

Wie sie so stand und in die endlose Weite starrte, und ihre Gedanken auf tausend Pfaden eilten, die alle zurück zu vergangenen Jahren führten, erzitterte plötzlich das Gebälk über ihr; ein Ächzen und Krachen lief durch die Träger und Stützen; es schwankte das Dach wie unter dem schnaubenden Ritt eines Zuges böser Kobolde, und dazu klang aus den Lüften Kichern und Keifen, Poltern und tückisches Lachen unheimlicher Stimmen! Erschreckt fuhr die Fremde aus ihren wachen Träumen und aufschauend erblickte sie eine Schar Affen, die, von dem großen, graubärtigen geführt, vom Felsen aus über das Dach des Hauses mit lautem Geschnatter jagten. - Da entsann sie sich, wie sie einst durch dies selbe Geräusch wilder Sprünge in einer der ersten Nächte, die sie hier verbracht, aus dem Schlummer aufgeschreckt worden war. Ängstlich, an allerhand Spuk denkend, hatte sie damals in der Dunkelheit die Hand suchend nach ihm ausgestreckt - und er hatte sie an sich gezogen und halb verschlafen gemurmelt: »Nicht fürchten, das [12] sind ja nur die heiligen Affen!« In seinen Armen war sie dann eingeschlafen und fürchtete sich nicht mehr. - So lebhaft war die Erinnerung, daß sie auch jetzt wieder die Hand unwillkürlich, wie suchend ausstreckte - und wußte doch, daß jene andere Hand sich nie mehr um die ihre schließen würde.

Wie grausam schmerzte es, gerade hier all dessen zu gedenken, das unwiederbringlich verloren! - Kindlich, abgöttisch, voll Bewunderung und grenzenlosem Vertrauen war ihre Liebe gewesen. Sie ahnte ja nicht, daß sie ihn, aus der Fülle ihres eigenen Herzens, mit vielen ihm fremden Eigenschaften ausgestattet hatte, bis daß sie einen durch ihre Einbildung geschaffenen und ganz anderen liebte, als er in Wahrheit war, - ahnte nicht, daß seine unbekümmert sorglose Art, die sie Kraft dünkte, des Leichtsinns Schwäche barg, - sah in ihm den, der sie vor jedem Unheil schützen würde, wähnte, daß ihr bei ihm niemand ein Leid zufügen könne.

Und er selbst war es, der ihr das Schlimmste angetan.

Wie war es nur möglich gewesen - er und jene andere Frau? Heute noch schien es ihr ebenso unfaßlich wie damals in der ersten Stunde, da sie dem Zeugnis der eigenen Augen nicht glauben wollte. Dann waren Zorn und Empörung in ihr aufgeloht, und nur den [13]einen Wunsch noch hatte sie gekannt: Fort! fort! Nie mehr jene beiden sehen müssen, von denen sie gekränkt, erniedrigt, betrogen worden ... So hatte sie alle Gemeinschaft mit ihm öffentlich zerrissen.

Jahre waren seitdem vergangen. Und dann war plötzlich ein rastloses Sehnen über sie gekommen, und mit unwiderstehlicher Gewalt hatte es sie aus der Ferne hierher zurückgezogen in das Haus, wo das Glück einst wohnte. Sie wußte nicht, was es war, das sie gezwungen hatte wiederzukehren, da doch alles verloren - aber, was sie bisher nur dunkel gefühlt, ohne es sich selbst doch eingestehen zu wollen, hier tönte es ihr fragend aus den verödeten Räumen und von den kahlen Wänden entgegen: warst du es nicht selbst, die das fliehende Glück auch noch vertrieben?

Ihrer Jugend war damals unmöglich erschienen, daß sich über die Verheerungen solchen Zusammenbruchs je eine Brücke schlagen ließe, auf der die für immer getrennt Scheinenden, doch wieder den Weg zueinander fänden; heute wußte sie, daß gar manches auf Erden, das stark genug ist, schwere Lasten zu tragen, aus Trümmern erbaut wurde, und daß die meisten Leben nur Flickwerk sind. Sie hatte es erfahren, daß jedes neue Jahr doch etwas von jenen unantastbar scheinenden Forderungen abhandelt, mit denen die Menschen des [14] Lebens Fahrt antreten, bis endlich die Erkenntnis entsteht, daß in einer Welt der Unzulänglichkeiten das aus tiefstem Mitleid entspringende gegenseitige Vergeben der einzige Weg ist, der zum Frieden führt. - Sie hatte ja nichts dadurch gebessert, daß sie damals die Welt zum Zeugen gerufen und sich vor aller Augen öffentlich Recht verschafft. Unrecht, das barmherzig zu verdecken in ihrer Macht gestanden, hatte sie grausam enthüllt. Offenkundig geworden, mußte es verheerend weiterwirken. Unfaßlich schien es ihr heut in diesem Hause, daß sie hier einst, als drei Menschenlose in ihrer Hand lagen, einzig auf die Stimme eigenen Gekränktseins gelauscht hatte. Oh, daß sie noch einmal zurückgekonnt hätte zu jener Schicksalsstunde! Denn sie war in den Jahren eine andere geworden, der Jugend Unerbittlichkeit und Härte waren von ihr gewichen, und die Vereinsamung hatte sie gelehrt, daß selig ist, wer noch einen besitzt, dem er vergeben kann.

Sehnsüchtig breitete sie die Arme aus, als sei die Luft erfüllt von Unsichtbarem, das sie an sich ziehen wollte. So unendlich viel von ihnen beiden war ja hier in diesem letzten Hause haften geblieben, - ungreifbar und doch gegenwärtig fühlte sie es überall, - es blickte sie an, es flüsterte ihr zu, - ach, es mußte einen Weg geben, auf dem sich Vergangenes noch einmal zurückbringen [15] läßt! - All ihr Sein spannte sich in dem Sehnen, ihm ein Zeichen noch zu senden, nicht für alle Ewigkeit getrennt zu bleiben mit Zorneswortenals letztem Abschied.

Und da, als ihr ganzes Wesen mit heißem Verlangen nach der Vergangenheit Wiederkehr rief, ging plötzlich ein leiser Hauch durch die träge Luft, und aufsteigend aus Bergesschlucht tief unten, zog ein graues Gebilde an den Abhängen herauf. Dem Schatten gleitender Wolken glich es, doch klar und wolkenlos wölbte sich des Himmels opalene Ferne. Nebelstreifen mochten es sein, wie die Einsame sie hier früher oftmals zwischen der Bäume Wipfel gesehen. Näher kamen sie ihr, von unsichtbarer Gewalt gehoben; schwebten langsam heran, als ob sie widerstrebend vernommenem Rufe gehorchten. Undeutlich noch und verschwommen, schwankend, sich biegend und schiebend, formte sich mählich der flatternde Dunst. Durchsichtige Umrisse verdichteten sich zu wehenden Gestalten, als fänden gedankenfeine Atome sich von neuem zu früherem Wesen zusammen. Aus dem wogenden, wolkigen Grau tauchten vor ihr zwei Antlitze auf, blaß, mit trostlosen Augen und abgehärmten Wangen.

Regungslos starrte sie die Erscheinung an, die ihr Sehnen aus Wesenlosem hervorgezaubert. Und sie erkannte [16] jene beiden, die sie nie mehr gesehen - ihn und die andere Frau.

Durchsichtige Hände hoben sich zu ihr empor und leise tönte es von bleichen Lippen: »Wozu riefst du uns aus düstern Tiefen? Willst du dich weiden am Werke, das dein Wollen geschaffen?«

»Bin ich es denn nicht, die durch euch elend wurde?« frug sie zurück.

Doch es antworteten harmvoll die beiden Schatten: »Du tatest uns Schlimmeres an. Wir raubten ein paar kurze Stunden der Wonne, du stießest uns für immer ins Verderben.«

Von dem Gefährten sich lösend, glitt mit wehendem Haar und gramerfüllter Gebärde das geisterhafte Weib näher noch zu ihr heran und hauchte: »Warum, ach warum konntest du, Glückliche, nicht schweigend vergeben! Dann wäre es bald gewesen, als sei es alles nie gewesen!«

»Aber du hattest mit tausend Künsten und Ränken mir Ahnungslosen mein Liebstes geraubt!«

»Was wußtest du Kind von dem Hunger des Herzens, den du richtest?« seufzte die Schattenhafte. »Weil ich unglücklich war, war ich schwach, damals - später aber, durch die Verachtung, der du mich preisgabst, da erst wurde ich schlecht.« [17]

Die einsame Frau erbebte und wandte sich mit flehenden Händen an den größeren der Schatten: »Aber dich, dich hatte ich doch wahrhaft geliebt!«

Er antwortete: »War deine Liebe, die nicht zu verzeihen vermochte, denn wirklich so viel stärker als die meine, die die Treue brach? Bei der ersten Probe erlagen wir beide.«

Angstvoll, mit gebrochener Stimme, frug sie weiter: »Und dann? Dann? Was wurde aus dir?«

Dumpf drang es zu ihr: »Zum Mörder eines anderen, der durch dich seine Unehre erfuhr, hast du mich gemacht. Aus meiner Laufbahn war ich gerissen, entwurzelt trieb ich auf dunkeln Wogen, bin untergegangen im Meere des feindlich gewordenen Lebens.«

Wie rinnender Nebel flossen die bleichen Gestalten ineinander, rangen die Hände, griffen sich irr in die Haare und stöhnten vereint: »Wir mußten verderben! Du hast es gewollt.«

Am schwankenden Geländer die erschauernde Frau beugte sich vor: »Tat ich euch Böses, tat ich es mir selbst, bin lebend nur noch ein Schatten wie ihr. Vergebt mir, vergebt!«

Doch klagend nur klang es zurück aus dem Dunste: »Umsonst, umsonst! All dein Sehnen bringt nimmer die Stunde zurück, da dir gegeben Güte zu üben!«[18]

Verschwommen, im Lichte sich lösend, wogten die Schatten fahl auf und nieder.

»Verweilt noch, verweilt!« flehte die trostlose Frau und streckte die Hände nach ihnen hinaus in die Leere.

Aber fern schon antworteten sie jammernd: »Ruhelos wurden wir arme Irrende! Müssen nun ewig weiterirren - ruhelos!«

Und aus noch weiterer Ferne wimmerten noch einmal die sich windenden Gebilde: »Ruhelos - - ruhelos - -«

Wie lang hinhallendes, hoffnungsbares Seufzen strich ein Windhauch über die Wipfel der Rhododendren - ein letztes Wehen blasser Nebelstreifen versank im Dunkel der Wälder. Die Erscheinung war entschwunden. Nur das Zirpen der zahllosen Zikaden zitterte eintönig in der heißen, flimmernden Luft.

Als ob sie aus einem Traume erwache, strich die einsame Frau mit der Hand über die Augen. In der Hitze plötzlich fröstelnd, wandte sie sich um, dem Ausgang der Veranda zu. Vor den Erinnerungen, die zu suchen sie gekommen, wollte sie jetzt fliehen, weit fort von diesem letzten Hause, das allzuviel unwiederbringlich Verlorenes barg. Und sie ging gebückt, als trage sie eine schwere Last, - denn die Sünde anderer wird oftmals zu unserer allerdrückendsten

Schuld.[19]

Doch als sie aus dem Hause trat, um durch den verwilderten Garten zurückzuschreiten, gewahrte sie, daß er nicht mehr, wie vorhin bei ihrem Kommen, den Tieren des Waldes allein überlassen war. Die menschlichen Bewohner der nahen Höhlen mußten sie wohl erspäht haben und waren ihr nachgeschlichen. Auch sie früher oft geschaute Gestalten!

Den Fakir, der damals täglich hier oben im Walde die heiligen Affen fütterte, erkannte sie wieder; mit dem struppigen, aschebestreuten Haar, den rotgeränderten rollenden Augen und dem flammenden Kastenabzeichen auf der lehmfarbenen Stirn, so stand er da in staubige Lumpen gehüllt, und an ihn drängte sich dreist der große, so seltsam menschenähnliche Affe, der sie vorhin mit seinen wilden Sprüngen auf dem Dache erschreckt hatte.

Inmitten des einstmaligen Rasens aber, wo jetzt der Sonne Brand wucherndes Unkraut bräunte, hockte ein alter Gaukler. Er trug die ockergelbe Gewandung der Schlangenbeschwörer und auf dem Haupte einen hohen Turban, in dessen Gewinde ein paar Pfauenfedern gesteckt waren. Hart und gefurcht, wie die ewigen Felsen des Himalaya, war sein Antlitz, und die Augen, über denen das Spiel der Lider nicht auf und nieder ging, blickten wie erstarrt im Grauen vor einstmals Geschautem. [20] Leere, flache Körbe, wie sie die Schlangenbeschwörer benützen, hatte der Alte vor sich aufgestellt, und er murmelte eintönige Worte vor sich hin - einschläfernder noch als das Zirpen der Zikaden.

Wie Fata Morgana der Vergangenheit, so tauchte das sonnendurchglühte Bild plötzlich vor der Fremden auf, und sie entsann sich, daß sie den Zauberer vor Jahren an dieser selben Stelle ganz ebenso hatte kauern sehen! Sie wollte an den beiden vorbeieilen, doch der Gaukler erhob sich, verbeugte sich tief und redete sie an: »Seid gegrüßt, Memsahib, die ihr so lang fern von hier geweilt.«

»Erkennt ihr mich denn wirklich wieder?« frug sie.

»Ihr wart ja die letzte, die hier gewohnt«, antwortete der Alte: »seitdem hat das Haus leer gestanden. Es kommen wohl manche Sahibs, es zu besehen - aber, ich weiß nicht warum, es wollte es schließlich doch nie einer mieten, - mag sein, sie fürchteten sich, - es heißt ja, es sei ein Unglückshaus.«

»Und ihr seid all die Jahre hier geblieben?« frug die Frau mit leiser Stimme.

»Ja,« antwortete der Gaukler, indem er auf den unbeweglich ins Leere starrenden Fakir schaute, »wir beide und die Tiere sind hier oben geblieben. Aber«, setzte er in dem singenden, wehleidigen Ton der Bettler hinzu, »ich bin alt und elend, - jüngere Wundermänner [21] werden jetzt zu den Festen der Reichen befohlen. Und doch! Was die auch können mögen, die Schlangen hören auf keinen so wie auf mich! Weiß es die Memsahib noch, wie sie mir folgen?«

»Ja,« antwortete sie, »ich weiß es alles noch!«

»Ach, so möge es der Beschützerin der Armen gefallen, noch einmal wie früher zu hören, wie ich die Schlangen rufe!« flehte der Alte.

Aber die Fremde war bei seinen Worten ein seltsam traumhaftes Empfinden gekommen. Sie wollte gehen und vermochte es doch nicht. Ein Bann lag lähmend auf ihr, daß sie bleiben mußte. Auf die fragende Bitte des Gauklers senkte sie zustimmend das Haupt, und dabei war ihr doch, als sei es gar nicht sie selbst, die diese Gebärde gemacht, sondern als geschähe alles unter dem Zwang der geheimnisvollen Macht, die sie schon von jenseits des Ozeans zu unbekanntem Zwecke hierher getrieben hatte.

Nun kauerte auch schon der Gaukler auf dem Boden. Der große graubärtige Affe aber, der bis dahin neben dem traumverlorenen Fakir gehockt hatte, sprang alsbald auf einen tief herabhängenden Ast, von dem aus er mit neugierig spähenden Augen den Bewegungen des Zauberers folgte, als wolle er ihm die Geheimnisse seiner Kunst absehen. [22]

Aus den Falten seines gelben Gewandes zog der Gaukler ein seltsames Instrument hervor. Eine kleine Trommel war es, die aus zwei aneinander gehefteten, länglichen Schalen gebildet wurde; glatt und gelblich glänzten diese, einzelne dunklere Striche und Flecken weisend; aus altem Elfenbein schienen sie geformt zu sein. Diese Trommel schwang der Alte auf und ab, so daß ein an einer Schnur von ihr herabhängender Stab bald auf die eine mit Haut bespannte Seite, bald auf die andere schlug. Tuk tik tok - tuk tik tok - so klang es.

Aber nicht wie der Ton anderer Zaubertrommeln dünkte es die Fremde - nein, als klagten darinnen zwei leidvolle Stimmen. Gebannt lauschte sie: was war es nur, das ihr die Stimmen sagen wollten?

Von dem Aste herab reckte der große Affe den Kopf weit vor, und auch die anderen Tiere des Gartens horchten in plötzlicher Spannung auf.

Tuk tik tok!

Nichts regte sich.

Tuk tik tok! rief, dringlicher werdend, die Trommel.

Hatte es nicht irgendwo ganz leis geknistert? War es nicht dort in dem Haufen trockener Blätter? Ja, da raschelte es wieder. Die Blätter zitterten und hoben sich. Etwas schob sich verstohlen unter ihnen entlang. Am Boden war ein Spiel hell aufleuchtender und [23] wieder erlöschender Flecken, zwei stechende Augen blitzten auf: eine lohgelbe Schlange glitt langsam hervor. Und da wand sich auch schon eine andere hinter jenem Baume! Tuk tik tok! - hier kroch noch eine - dort folgten sich zwei, - tuk tik tok! tuk tik tok! Von allen Seiten kamen sie, glatt und glimmergleich gleißend, mit schwarzen Flecken auf dem Geringel der schwefligen Leiber. Und immer wieder rief und rief die Trommel, - die Schlangen mußten folgen. Unwiderstehlicher Gewalt gehorchend, strebten sie auf den Gaukler zu. Im Halbkreis, ganz nahe schon, umgaben sie ihn. Und plötzlich, wie zu gemeinsamem Angriff vorgehend, hoben sie sich alle empor und blähten die dehnbare Halshaut auf, daß sie zu einem breiten, schildartigen Hute anschwoll und der Brille Zeichen, schwarz in fahlgelber Umränderung, darauf erglänzte. Dräuend streckten sie die bösen flachen Köpfe mit den stechenden Augen nach dem uralten Feinde, dem Menschen, züngelten und zischten ihn an mit dem ererbten Hasse zahlloser Schlangengeschlechter. Doch er fuhr fort die Trommel zu schwingen, und immer dichter kam er damit an die bösen flachen Köpfe. Und seine Augen, über die sich nicht ein einzigesmal die Wimpern senkten, starrten unverwandt auf die sprungbereiten Riesenwürmer. Ein wortloser Kampf um Herrschaft war es, der da mit Blicken ausgefochten wurde. Atemlos [24] folgten ihm die Tiere des Gartens, während der graubärtige Affe auf seinem Aste unwillkürlich alle Bewegungen des Wundermannes nachahmte. - Da begann erst die eine, dann die andere Schlange hin und her zu schwanken, im Takte dem Trommelstab folgend, der abwechselnd auf die beiden Seiten der Trommel schlug; bald nach rechts, bald nach links wiegten sich die aufgeblähten Leiber. Wie trunken taumelten sie, immer willenloser werdend. Und eine nach der anderen sanken die Schlangen in Ringeln zusammen, von plötzlichem Schwindel mitten im Zaubertanz niedergeworfen. Da packte sie mit raschem Griff der alte Gaukler, schob je eine in jeden der flachen Körbe und schlug den Deckel zu, immer noch mit der anderen Hand die Trommel schwingend, bis auch die letzte geborgen war.

Und all die noch eben zirpenden, singenden, surrenden und summenden Zuschauer erschauerten, ganz still geworden vor der geheimnisvollen Macht, die das gefährlichste aller Tiere durch die Gewalt ihres Willens zu bannen vermochte.

Der Gaukler stand auf und verneigte sich wiederum tief: »Ist die Beschützerin der Armen zufrieden?«

Doch sie hatte kaum auf die Schlangen geachtet. Unverwandt hing ihr Blick an der seltsamen kleinen Trommel, die der Alte noch in seinen dürren Händen hielt und [25] aus der es geklungen wie das Klagen zweier leidvoller Stimmen. »Hattet ihr diese Trommel schon damals?« frug sie.

Ein hämisches Lächeln zog über die harten Züge des Zauberers und er antwortete: »Die hab' ich schon mehr Jahre, als die Memsahib zu denken vermag.«

»Ich kann mich doch gar nicht erinnern, sie früher gesehen zu haben?«

»Das ist, weil wir zu verschiedenen Lebenszeiten ganz Verschiedenes beachten«, sagte nun der regungslose Fakir, der bis dahin geschwiegen hatte und auch jetzt wie träumend und in weite Ferne blickend vor sich hinsprach: »Wir sehen nur immer gerade das, was uns etwas zu sagen hat - für alles übrige sind wir Blinde.«

»Zeigt mir die Trommel!« sagte die Fremde zum Gaukler.

»Das ist nichts für weiße Memsahibs«, antwortete dieser unwirsch und wollte die Trommel in den Falten seines Gewandes verbergen.

Doch im rasch wiedergefundenen Tone der weißen Gebieter herrschte sie ihn an: »Die Memsahib befiehlt, die Trommel zu sehen.« Und von ihrer Stimme bezwungen, wie vorher die Schlangen vom Klange der Trommel, hielt er ihr das seltsame Instrument hin, ohne es jedoch aus den mageren braunen Fingern zu lassen. [26]

Sie beugte sich vor und fuhr erschrocken zurück: »Das sind ja zwei Schädel?«

Der Alte nickte.

»Und der Trommelstab ist ein Knochen?«

Wieder nickte der Alte.

»Aber ... was hat das zu bedeuten?«

Der Gaukler schwieg. Doch der Fakir antwortete: »Das ist ein Werk des Hasses.«

Die starren Augen des Schlangenbändigers glühten auf, und er entgegnete heftig: »Des Hasses? Nein! des Gesetzes!«

»Das ist oft ein und dasselbe«, sprach gleichmütig der Fakir.

»Und ... wer waren die beiden?« frug die Fremde, wie gebannt auf die glatten, gelblich glänzenden Schalen starrend, an denen sie nun auch die Schädelnähte erkannte.

»Zwei arme Irrende«", erwiderte der Fakir.

»Arme Irrende? fürwahr!« höhnte der Gaukler. »Ein schlechter Mann und eine noch schlechtere Frau, das waren sie!« Dabei umklammerten seine krallenartigen Finger die Schädel wie mit

Schicksalsgriff, und es war der Fremden, als höre sie es drinnen wimmern und weinen.

»Schlecht?« wiederholte sie mit zitternder Stimme, »was ... was hatten sie denn begangen?« [27]

Wieder schwieg der Schlangenbeschwörer, doch der Fakir redete zu ihm: »Warum willst du es nicht erzählen? Hast du es nicht auf den Lippen, hast du es doch im Sinn - du lebst ja nur noch durch das Denken daran.«

Da richtete sich der Alte in plötzlichem Entschluß empor. Und durch den Garten ging alsobald ein erwartungsvolles Schweigen. Fliegen, Mücken, Eidechsen und Chamäleone horchten auf; die gurrenden Tauben und zirpenden Zikaden verstummten, um zu lauschen; die grünschwarz schillernden Fasane spähten aus dem Dickicht; sogar die fliegenden Füchse, die tagsüber schlafend unter dem Dachgebälk hängen, blinzelten neugierig mit den lichtscheuen Äuglein, und der große graue Affe kletterte auf dem tief herabhängenden Aste noch weiter vor, um nur ja kein Wort von dem zu verlieren, was sich die rätselreichen Menschen zu sagen hatten.

Unverwandt in die Ferne blickend, als schaue er dort noch einmal das Grauenhafte, vor dem seine Augen einst erstarrt, hub der Schlangenbeschwörer an: »Es waren zwei, die sich liebten und nicht lieben durften. Dem Gesetze meines Stammes gemäß sind sie dafür zusammen zu Tode gesteinigt worden. Ich stand dabei und sah sie blutend niedersinken. Ihre zermalmten Glieder hat man dann eingescharrt. Mir aber, den die beiden [28] betrogen, wurden ihre Schädel überlassen, auf daß ich, noch nach dem Tode, mit ihnen verfahre, wie ich gewillt. Da hab ich sie aneinander geheftet und zu dieser Trommel verbunden, - und seitdem müssen sie mit ihrem Stöhnen jahraus jahrein für mich die Schlangen locken, auf daß sich der uralte Fluch erfülle, der auf solchen Missetätern lastet: so lang noch ein Stück ihrer einst sündig vereinten Leiber unbestattet auf Erden weilt, so lang werden auch ihre Geister umherirren müssen, ruhelos! ruhelos!«

Wie eine mit wilder Wut erneute Verwünschung hatte er die Worte ausgestoßen. Hochaufgerichtet stand er da, die Glieder straff, als spanne sie langverlorene, plötzlich wieder erlangte Jugend, und mit weit ausgestrecktem Arme schwang er die Trommel, daß es immer wieder wie verzweifelter Weheruf aus ihr tönte: »Ruhelos! ruhelos!«

Im Garten ringsum war bange Stille. Etwas Fremdes, Schauerliches schien das unbekümmert frohe, flirrende und schwirrende Leben unterbrochen zu haben. All die vielen kleinen Lebewesen, die den Worten des Zauberers gelauscht, wagten kaum noch zu atmen; ihre winzigen Herzlein hämmerten ängstlich, und voller Grauen dachten sie: welch grausame Tiere sind doch die Menschen! [29]

Aber inmitten des schwülen Schweigens schoß plötzlich ein zärtlich verschlungenes Libellenpaar, das regungslos in der Luft gehangen hatte, surrend in die Höhe, und aus der flimmernden Bläue schien es herabzutönen zu den Menschen: »Ihr Armen! Wir sind frei!« - Nun schüttelten auch all die anderen Kleinen wie erlöst den unheimlichen Bann von sich ab, und zirpend, trillernd, kichernd klang es aus tausend Kehlen: »Frei! frei!«

Nur der große Affe blieb ganz still auf seinem Zweige hocken, und mit böse funkelnden Blicken spähte er weiter herab auf die Menschen, denen er so gerne ähneln wollte.

Die fremde Frau, deren Antlitz weißer noch geworden, trat jetzt dicht an den Gaukler heran und sprach zu ihm: »Ihr dürft diese Schädel nicht länger behalten, ich will sie haben, gebt sie mir!«

»Nimmermehr!« antwortete er, »sie sind meines Lebens liebster Besitz!« Dabei schwang er wieder die Trommel mit hartem Griffe, und deutlich glaubte nun die Fremde zu verstehen, was die zwei leidvollen Stimmen darinnen flehten: »Rette uns! rette uns!«

Da war ihr, als ob eine ferne, einstmals versäumte Stunde ihr noch einmal nahe, als ob das Schicksal ihr noch einmal die Möglichkeit bieten wolle. Barmherzigkeit zu üben. Sie wähnte an diesen beiden Toten sühnen zu können, was sie an jenen andern Lebenden einst verschuldet. [30] Ihre Gedanken hatten die beiden so verschiedenen Paare verschmolzen - waren es doch in der ewigen Wiederkehr der Geschicke gleiche Sünder, gleiche Opfer gewesen. Was sie diesen tat, tat sie den anderen. Wenn sie diese erlöste, mußten auch jene Ruhe finden. Ein grenzenloses Sehnen zu helfen, Verhängnis schützend abzuwenden, erfüllte ihr ganzes Herz, und vor Erregung bebend rief sie: »Ihr sollt die beiden nicht länger martern, ich dulde es nicht!« - Sie streckte die Hand nach der Trommel aus, doch der Alte zog sie trotzig zurück. Ratlos blickte sie nach dem Fakir. Und wirklich kam ihr von ihm unerwartete Hilfe.

»Warum willst du die Trommel nicht geben?« sagte er in seiner verträumten Art zum Gaukler. »Es ist ja all das schon so viele, viele Jahre her, - was kann dir an dem armen bleichen Gebein noch liegen?«

»Wie sollte ich dir das wohl erklären?« erwiderte der Gaukler geringschätzig, »Heilige, wie du, haben ja nie gelebt. Aber jedesmal, daß ich die Trommel schwinge und die Schädel dieser beiden dröhnen höre, wird mein altes, schon halb erstarrtes Blut noch einmal heiß vor Haß - und das ist mir heute höhere Wonne, als es je Liebesglut in der Jugend war. Die Memsahib dort wird es vielleicht eher noch als du verstehen.«

»Nein, nein!« schrie sie auf, »das versteh ich längst [31] nicht mehr.

Vergeben - das ist alles, was ich noch vom Leben weiß!«

»Kein Mensch vermag einem anderen wirklich zu vergeben,« sagte der Fakir ohne die Frau anzusehen, »weil niemand eines anderen Tat ungeschehen machen kann. Was gewesen, muß weiterwirken. Aber,« wandte er sich zum Schlangenbeschwörer, »wir sollen trachten, nicht neue Tat zu schaffen. Gib jene Schädel hin und mach dich selbst dadurch von ihnen frei.«

»Frei?« rief der Gaukler, »mehr als frei, ihr Herr bin ich! Siehst du denn nicht, wie ich sie zwinge?« Und er schwang die Schädel, daß der Knochen auf sie niedersauste und es kreischend in ihnen aufschrie.

»Du glaubst nur, sie zu zwingen, - in Wahrheit sind sie es, die dich halten,« entgegnete der Fakir. »Dein Haß kettet dich ans Dasein, so daß du älter, als es sonst Schlangenbeschwörern beschieden, hast werden müssen. Erst wenn du es vermagst, dich von den armen Gebeinen zu trennen, deren Anblick dich zu stets neuer Tat des Zornes reizt, wirst du selbst nicht ruhelos mehr wandern müssen.«

Es war, als ob bei den Worten des Fakirs eine Veränderung mit dem Gaukler vor sich ginge; die Müdigkeit des Alters kam über ihn; wie ein grauer, Leben erlöschender Schatten kroch sie an ihm empor, und er [32] sagte unsicher: »Wie soll ich mich von denen trennen, deren Bestrafung mir vom Gesetze übertragen wurde?«

»Sei unbesorgt,« antwortete der Fakir, »aus ihnen wird, was werden soll, auch ohne dich. Ist ihre Zeit erfüllt, so kann selbst dein Haß sie nicht länger halten, bleibt ihnen dagegen noch ein Stück Wegs bis zum endlichen Nichtsein zurückzulegen, so vermöchte keine Macht der Liebe es für sie abzukürzen.«

Die Fremde gewahrte ein Schwanken und Zaudern in den Zügen des Zauberers und drang nun auch in ihn ein: »Ihr sollt mir die

Trommel ja nicht umsonst lassen, - seht her, dies geb ich euch dafür.« Und aus der Tasche zog sie Goldmünzen fernen Landes.

Habgierig glänzten die Augen des Gauklers, unschlüssig blickte er von dem leuchtenden Metall zu den fahlen Schädeln.

Und mehr Gold bot ihm die Fremde. Denn eine fieberhafte Angst, daß er ihr doch noch widerstehen könne, war über sie gekommen, und sie wollte, sie mußte doch die unheimliche Trommel besitzen. Der geheime Zweck ihrer ganzen weiten Fahrt, zu der sie unergründliches Sehnen gezwungen, war ihr plötzlich offenbar geworden: sie sollte diese beiden Fluchbeladenen erlösen! - Und in ihnen jene anderen. Dazu hatte sie von jenseits der Weltenmeere noch einmal hierher wiederkehren [33] müssen! Und der Fakir hatte unrecht mit seinen hoffnungslosen Worten: es gab wohl ein Vergeben, eine Erlösung durch die Liebe!

Ein heißer Wettstreit ward es zwischen des Alten Sucht, zu strafen, und ihrem Sehnen nach Versöhnung. Gold, mehr Gold bot sie.

Und endlich hatte sie gesiegt.

Hastig und scheu wie einer, der sich schämt, altgehegten Glauben zu verleugnen, gab ihr der Gaukler die Trommel hin, strich das Geld ein, lud sich die Körbe mit den Schlangen auf und schlich davon, alt und verfallen, ohne ein Wort des Abschieds.

Der Fakir blickte ihm sinnend nach: »So sind die Menschen,« murmelte er vor sich hin, »statt sich willig ganz zu lösen, tauschen sie noch im hohen Alter eine Gier für die andere ein.« Dann verließ auch er schweigend den Garten.

Nun war die einsame Frau allein und hielt die seltsame Trommel in Händen. Ihre Finger strichen leise, beinahe zaghaft liebkosend über die vereinten, gelblich glänzenden Schädel. Und dabei gedachte sie der Mutterhände, die einst, vor langen, langen Jahren, die beiden auch so zärtlich gestreichelt haben mochten, als sie noch klein und zart, von seidigem Flaum bedeckt und so weich gewesen, daß die geöffnete Spalte an ihnen zu fühlen [34] war. Geschlossen hatten sie sich dann, waren hart und fest geworden über dem grauen Etwas, das sie bargen, jenem Geheimnisvollsten auf Erden, das denkt und dem ganzen übrigen Menschen befiehlt; das bei jedem neugeborenen Wesen neue schlummernde Möglichkeiten enthält, und das der Heiligen lichte Werke ganz ebenso ersinnt wie der Sünder finstere Tat. Aber, frug sich die Frau grübelnd weiter, was ist es, das hinter den geschlossenen elfenbeinernen Toren im Sitz dieses Unergründlichsten vor sich geht, so daß ein Mensch das werde, was andere »schlecht« nennen? - Das Arbeiten jenes rätselvollen grauen Etwas kann niemand schauen; mag es da nicht oftmals geschehen, daß es auch dann noch verantwortungsbeladen weiter denken und lenken muß, wenn es das alles in Wahrheit nicht mehr vermag? Denn die kleinste Erkrankung dort in jenem Verborgensten, eine Veränderung, eine Verhärtung, - und es verschieben sich die Begriffe, Verbotenes erscheint plötzlich erlaubt. Böses wird zu Gutem, und einer, der bis dahin nur Schönes dachte, denkt nun bloß noch Häßliches. Unrecht - ist Unrecht nicht vielleicht eine Krankheit des Denkens?

Wer wagt da noch zu richten?

Aber diese beiden waren gerichtet worden. Unter den Steinwürfen der Gerechten waren sie niedergesunken. [35]

Auf die gelblichen Schädel starrend, glaubte die Fremde das grauenvolle Bild zu erblicken, das die Erzählung des Gauklers heraufbeschworen, und dann war es ihr, als sähe sie neben diesen beiden noch lange Reihen anderer schattenhafter Wesen mit qualverzerrten Zügen wie gehetzt vorüberfluten, - all die vielen, vielen waren es, die einst schuldig wurden und kein Erbarmen fanden, - und zwei von ihnen, - ja, die kannte sie gar wohl!

Ach Ruhe! Erlösung! schluchzte es da sehnsuchtsvoll im Herzen der Einsamen. Ruhe und Erlösung für die, so verdammt wurden, Ruhe und Erlösung für jene anderen, die verdammt haben! Denn auch die harten Richter sind ja nur arme verblendete Menschen, die des Vergebens bedürfen - nicht weniger als ihre Opfer. Doch Ruhe findet sich nimmer auf der mitleidslosen Welt, Ruhe, die ist nur drunten in der stillen, friedlichen Erde, die die Gebeine von Heiligen und Sündern gleich kühl und sanft umfängt!

Die einsame Frau war niedergekniet im Garten ihres einstmaligen Glückes und mit zitternden Händen begann sie, den moosbedeckten Boden am Fuß des alten Baumes aufzugraben. Sie arbeitete mit fliegendem Atem und pochendem Herzen, achtete auf nichts um sie her, bemerkte auch nicht den großen grauen Affen, der noch immer auf dem herabhängenden Aste hockte und [36] all ihren Bewegungen mit tückischen Augen folgte. Als die Höhlung tief genug geworden, legte sie sie mit Farren aus. Dann bettete sie die beiden Schädel behutsam in die kleine grüne Gruft, und als sie dies getan, war ihr, als habe sie da nicht nur diese zwei begraben, sondern als lägen nun auch eigene schwere Last und Unrast mit ihnen zu endlicher Ruhe bestattet. Noch einmal streichelte sie das bleiche Gebein, wie um Abschied zu nehmen; in ihren Augen war dabei ein seltsam ferner Blick, als schaue sie längst Entschwundenes; ihre weichen, sehnsüchtigen Lippen bewegten sich lautlos zu Worten an Unsichtbare. Ein tiefer Frieden kam über sie.

Nachdem sie dann das kleine Grab mit Moos und Erde bedeckt und den Boden ringsum wieder geebnet hatte, erhob sie sich und atmete tief auf, als sei nun endlich vollbracht, wozu sie von weither eine unabweisliche Stimme gerufen.

Mit stillem Antlitz schritt sie davon - erlöst.

Aber kaum war die Fremde verschwunden, da sprang der große graue Affe herab von dem Aste, wo er alles erspäht. Hurtig scharrte er den Boden wieder auf, den jene soeben geglättet hatte; gierig wühlte er darin, daß Erdstücke, Moos und Farren umherflogen unter seinen hastenden haarigen Händen. Und plötzlich blitzten seine Augen auf: er hatte die Trommel gefunden! Wild lachend [37] riß er sie hervor aus dem schützenden Grabe. Und wie er es von dem Gaukler gesehen, so schwang nun er sie hin und her, daß der Knochenstab immer wieder unbarmherzig auf sie niedersauste und es drinnen verzweifelt stöhnte.

Rasch kletterte er dann den Baum wieder empor, seine Beute mit hartem Schicksalsgriff umklammernd. Von Zweig zu Zweig, von Wipfel zu Wipfel schwang er sich und verschwand im dämmernden Ästegewirr der rauschenden Deodare. Aus grünen Fernen aber klang es, leise und leiser verhallend, wie das Klagen zweier leidvollen Stimmen: »ruhelos ... ruhelos ...«

Paquito

[41]Auch die größten Reiche der Welt sind klein, will man sie messen am unermeßlichen Raume. - Paquitos Reich aber war besonders klein. Es bestand nur aus einer offenen Kiste, auf deren einer Seite in halb verwischten, schwarzen Buchstaben die Worte „Pommery Greno" zu lesen waren. Diese Kiste, die einst ein Schiff über das große Meer nach Mexiko gebracht, und deren Inhalt frohen Wahn spendender Schaum gewesen, war zur Wohnstätte eines Atoms des großen menschlichen Elends geworden; in ihr verbrachte Paquito seine Tage.

Ein verkrüppeltes Kind war Paquito. Eine Zusammensetzung von lauter zu viel und zu wenig; ein völlig mißlungenes Stück des Menschen formenden Töpfers. Zwischen den Schultern saß ihm ein Höcker und seine Brust sprang spitz vor, von den Hüften an aber war überhaupt wenig mehr von Paquito vorhanden - ein Fetzen Decke verhüllte diesen Teil des mißratenen Werkes. Das einzig Schöne an dem ganzen Mißgebilde waren seine Augen. Schwarz und unendlich tief, blickten sie träumerisch, als schauten sie zurück in weite Fernen [42] uralten Unrechts; fragend war oft ihr Ausdruck, als sähen sie ein Rätsel und flehten um eine Antwort, die Befreiung brächte.

Das Rätsel, das die Kinderaugen gewahrten, hieß: Woher, wohin, wozu?

Und hätte es unter den Menschen, die mit Paquito einen der armseligen Höfe der Stadt bewohnten, solche gegeben, denen die äußeren Erscheinungen Anlaß zur Grübelei über Ursache und Endzweck bieten, so wäre des Kindes Anblick so recht dazu angetan gewesen, diese Fragen in ihnen hervorzurufen. Aber Don Eusebio und Donna Guadalupe, Paquitos Onkel und Tante, waren träg veranlagte Menschen, die überhaupt wenig dachten und nie den

Wunsch empfunden hatten, dem Rätsel näher zu kommen, das hinter jeder Existenz liegt. Donna Lupe erschien es höchst einfach, woher Paquito gekommen. Er war eben der Sohn ihrer Schwester - und die Geschichte dieser Schwester war auch wiederum höchst einfach.

Die schöne Soledad hatte immer zu jenen gehört, die lieber nachts tanzen, als tags arbeiten, und ihr wehmütiger, die „Einsamkeit" bedeutender Name war wie ein Hohn auf das lebensfrohe Mädchen, dem es nur in der ausgelassensten Gesellschaft so recht wohl war. Sie lief von Fest zu Fest, oftmals die drei Musikanten [43] begleitend, die im Hof ein finsteres Stübchen bewohnten, über dessen Tür, auf einem Täfelchen, die Worte standen: „Hier kann Musik für Bälle bestellt werden." In den heißen, überfüllten Maultierbahnen fuhren sie durch die Mais- und Agavenfelder hinaus nach einem der Vororte, die nach Heiligen benannt sind. Dort in San Pedro, San Lucas, San Angel tanzte Soledad auf dem offenen Marktplatz bei Glockengeläut und Böllerschüssen, in einem wahren Regen von bunten Konfetti, die ihr in Kleidern und Haaren hafteten und nachts, wenn sie sich auszog, noch in Menge zu Boden fielen. - So freute sich Soledad der fliehenden Stunden.

Die ältere, verheiratete Schwester hatte zuerst gezankt und dann die Dinge gehen lassen, wie das so üblich ist bei den indolenten Kindern tropischer Länder, denen die Einsicht, daß sich gegen das Verhängnis nicht ankämpfen läßt, im Blute liegt. So kam, was kommen mußte. An einem heißen, sonnendurchflimmerten Tage, wo Soledad in billigem Putze wieder ausgegangen war, kehrte sie nachts nicht heim. Lupe hatte sich nicht sonderlich darob gegrämt, denn es war der durch viele Schwangerschaften früh Gealterten manchmal erschienen, als schiele Eusebio mehr als nötig nach dem zweiten Bett der Kammer, das die schöne Schwägerin mit ihren sich alljährlich mehrenden kleinen Neffen und Nichten [44] teilte. Ein paar Jahre waren dann vergangen, in denen Soledad, wie eine große Dame angetan, gelegentlich auf der Straße gesehen worden war. Da pochte sie eines Abends an der Schwester Tür. Aber es war nicht mehr die lachende, von Lebensfreude strahlende Soledad, der früher ein jeder gern nachgeschaut, sondern ein stilles, vergrämtes Wesen, das irgendwo draußen in der Welt die Einsamkeit des Leidens kennen gelernt hatte. Sie kauerte sich in eine Ecke, gleich einem abgehetzten Tier, das sich mühsam bis zu einem Schlupfwinkel geschleppt hat und dort zusammenbricht. Auf die mehr neugierigen als vorwurfsvollen Fragen Lupes, die die Schwester nicht ohne Schadenfreude musterte, gab sie nur kurze Auskunft. Nach ein paar Tagen mußte sie sich stöhnend niederlegen; die kleinen Neffen und Nichten wurden aus der dumpfen Kammer hinaus in den Hof geschickt, wie das jedesmal geschah, wenn ihre Mutter in die gleiche Lage kam. Lupe und die Nachbarinnen umstanden Soledads Bett, und unter ihren wohlgemeinten, aber ungeschickten Hilfeleistungen kam, sehr gegen seinen Willen, ein kleines, mißgestaltetes Kind zur Welt, das sich gegen das Leben sträubte, als ahne ihm nichts Gutes davon. Soledad sah das winzige, bucklige Wesen mit dem großen Kopf und den verkrüppelten Beinchen nicht mehr, - ihr, der Schönen, Strahlenden, kostete es [45] das Leben. Sie schlief ein, als der lange, qualvolle Tag zur Neige ging; ein letzter Strahl der Abendsonne stahl sich durch die halboffene Tür und glitt über ihre weiße, feuchte Stirn, als wolle er Abschied nehmen von ihr, die so oft lachend und singend in der Sonne getanzt. „Mit der Soledad wird es nun gleich vorbei sein," verkündete, aus der Kammer tretend, Donna Anastasia, die alte fromme Tortillabäckerin, die bei allen Begebenheiten im Leben der Hofbewohner die passenden Gebete herzusagen pflegte. Die drei Musikanten, die gerade im Hof standen, warfen einen scheuen Blick nach der Kammer, in der die Sterbende lag, und erinnerten sich, wie gar oft sie ihr zum Tanz gegeigt; sie lüfteten die spitzen Hüte, bekreuzten sich und schlichen dann, die Instrumente unter dem Sarape, leise davon, bei neuen Festen auszuspielen.

Am nächsten Tag begrub man Soledad. Aber wie im Leben, war ihr Name noch im Tode ein Hohn, denn zu einem eigenen

Begräbniswagen langten Don Eusebios Mittel bei weitem nicht, und so wurde sie vom schwarzen Leichenwagen der Allerärmsten abgeholt, der in den ganz frühen, fahlen Morgenstunden durch die leeren Straßen fährt, und in dem Platz für neun Särge ist. In Gesellschaft von acht andern legte sie ihren letzten Weg zur endgültigen Einsamkeit zurück. [46]

Eusebio sowie Don Antonio, der im Hof einen Trödelladen hatte, und die drei Musikanten gaben ihr das Geleit hinauf zum Kirchhof von Dolores; hoch über der Stadt liegt er auf langgestrecktem, von Eukalyptusbäumen umrauschtem Hügel, und von dort oben sieht man über die weite Ebene hinweg bis zu den beiden Bergesriesen, den toten Vulkanen, Popocatepetl und Iztaccihuatl. In der billigsten Abteilung, die auch die größte ist, wo es nur ganz wenige Holzkreuze gibt und die meisten Gräber bloß durch Blechtäfelchen mit Nummer und Datum bezeichnet sind, da ward Soledad eingescharrt. Fünf Jahre Zeit ist dort einem jeden zugemessen, in denen er zu Staub werden muß. Dann nimmt ein neuer Erdengast seinen Platz ein.

„Das Kind eines unbekannten Vaters irgendwo draußen in der weiten Welt und einer Mutter, die oben in Dolores begraben liegt." Ja, das wäre so ungefähr Donna Lupes Antwort auf die Frage gewesen, woher der kleine verkrüppelte Paquito gekommen. Und das enthielt auch die Antwort auf die Frage „wohin?" - wohl auch bald nach Dolores! Blieb nur übrig „wozu?" - Aber an der Frage scheitern auch Klügere als Donna Lupe.

Als unerwünschtester Gast war Paquito der kinderreichen Tante geblieben. „Der Krüppel lebt doch nicht [47] gar?" waren ihre begrüßenden Worte gewesen, als sie, nach dem Tod der Schwester, den seltsamen kleinen Neffen zuerst gründlich besah. Anastasia, die dabei stand, prüfte den krummen Rücken, die spitze Brust und zusammengeschrumpften Beine; der schönen Soledad und ihrer Sünden gedenkend, murmelte sie: „und Er wird rächen bis ins dritte und vierte Glied." Aber Don Antonio, der hinzugetreten war, meinte: „Diesmal hat sich wohl seine Rache gleich auf einmal erschöpft." - „Wär' er nur auch schon oben in Dolores," stöhnte die Tante. „Ja," sagte Antonio, „nutzloses Papier wird eingestampft, und eine gesprungene Glocke kann man einschmelzen - aber für verpfuschte menschliche Geschöpfe gibt es keine solche Barmherzigkeit."

„Der liebe Gott hat ihm das Leben geschenkt," rief Anastasia, „damit er für seine Mutter, die im Fegefeuer ist, bete."

Seitdem aber waren acht Jahre verstrichen, und gar manche Menschen, deren Leben von großem Wert gewesen, waren in der Zeit gestorben. Paquito aber, an dem gar nichts gelegen, lebte noch immer weiter. In dem Hofe hatte sich in den Jahren wenig verändert. Es gab da zahlreiche Quartiere, in denen Gewerbe, Elend und auch Schande aller Art ihre Heimstätten aufgeschlagen hatten. In all den dumpfen Wohnungen war [48] ein Wuseln, Wirbeln und Wimmeln menschlicher Wesen. Und Kinder! - viele, unzählige! Als sei es von größter Wichtigkeit gewesen, daß nur ja keines der älteren Leben verginge, ohne sein Elend und seine Gebrechen vorher neuen Trägern vererbt zu haben. Überall zu viel Menschen und zu wenig Raum, zu viel Hände, die in dieselbe Schüssel griffen, zu viel Leiber, die der gleichen Lumpen bedurften. Krankheiten, die nie recht gepflegt, Wunden, die nie richtig verbunden wurden; Unwissenheit, Aberglauben, für die keine Aufklärung je kam, Trunkenheit, Keifen, Schlägereien, Kindergeschrei überall - und daneben, in irgendeinem dunklen Winkel, zwei, die sich gierig umarmten, weil das ja doch das Einzige war, wovon es auf Erden auch für die Armen genug gibt.

Und unter all den Armen war Paquito der Ärmste. Sobald sein Bewußtsein erwacht war, hatte er eine Form des menschlichen Leidens kennen gelernt, die Kindern meist fremd bleibt, weil sie mehr der Greise trauriges Los ist: er empfand, daß er überall unwillkommen, überflüssig und im Wege war. - Und doch war er, wie alle Kinder, mit den Ansprüchen eines gebetenen Gastes zur Welt gekommen und litt bitterlich unter der Härte und Ungerechtigkeit des schlechten Empfanges, den er fand, weil jene, die ihn geladen, verschwunden waren. [49]

Des Onkel Eusebios Einkünfte als Trambahnkutscher waren spärlich, und ein großer Teil davon blieb gewöhnlich schon am Zahltag in der Pulquekneipe. Kehrte er dann angezecht heim, so galten die ersten Prügel, die er verteilte, sicher Paquito, denn Donna Lupe, die seine schweren Fäuste kannte, verstand es meisterlich, seinen trunkenen Zorn von sich und ihren Kindern auf den hilflosen Neffen abzulenken.

Die kleinen gesunden Vettern aber lernten rasch vom Vater. Der wehrlose Paquito ward ihr Prügeljunge, und die alte Grausamkeit, die in ihrer Rasse schlummert, gab ihnen stets neue Erfindungen ein, womit sie ihn quälten. Leben hieß für Paquito: Angst haben. Wie ein verprügeltes Tier hätte er sich gern versteckt, aber mit den verkrüppelten Füßen konnte er kaum kriechen, mußte, wo immer man ihn hintat, bleiben, wie eine leblose Sache.

So kläglich auch all die anderen Existenzen um ihn her waren, enthielt doch eine jede ihren armseligen Anteil an trügerischer Freude. Don Eusebio hatte den Pulque, Donna Lupe ihre Zigaretten, die sie, auf der Türschwelle hockend, bei endlosen Gesprächen mit den Nachbarinnen rauchte. Donna Anastasia lief in die Kirchen, und Don Antonio, der gelehrte Trödler, von dem die Sage ging, daß er Licenciado sei, hielt Reden über das glorreiche [50] Volk der Mexikaner und berauschte sich am Klang der Worte Freiheit, Menschenrechte, Verfassung, an den Namen seiner Nationalhelden. - Paquito war der einzigste, dem keines jener trugspendenden Mittel zu Gebote stand, mit denen die andern sich zeitweilig über die wahre Natur des Daseins täuschten; er war gezwungen, das Leben immerfort so zu sehen, wie es in Wirklichkeit ist, weil er nichts hatte, worüber er die eigene jammererfüllte Kleinheit je vergessen konnte.

Alle Morgen wurde Paquito in seine Kiste gesetzt und in einen Winkel des Hofes gestellt, wo von der Mauer ein altes, verblaßtes Freskobild der Madonna auf ihn und all das übrige Elend herabblickte, milde und gleichmütig, wie jemand, der sich mit dem Gedanken, doch nicht helfen zu können, abgefunden hat.

Und wenn er so dasaß und wie aus vorzeitigem Sarge hinausschaute auf all die Menschen, die achtlos an ihm vorüber ihres Weges gingen, überkam ihn oftmals ein seltsam wehes Gefühl; eine große Sehnsucht nach etwas Zärtlichkeit stieg in seinem kranken Herzen auf, das in dem mißgestalteten Gehäuse zuweilen so seltsam unregelmäßig schlug; ihn verlangte nach jemand, an den er sich auch mal hätte anschmiegen können, wie die Kätzchen an die große graue Katzenmutter. Ein Menschenstäubchen, das nie und nirgends hätte sein [51] sollen, gedachte er der eigenen Mutter, die er nicht gekannt, und fühlte sich dann noch winziger und verlorener inmitten der großen fremden Welt.

Fräulein Conchita, die ein Stübchen im obersten Stockwerk bewohnte und allabendlich mit rotgeschminkten Wangen auf die Straße eilte, war die einzige, die im Vorübergehen ein freundliches Wort für Paquito übrig hatte und ihm bisweilen mitleidig den Kopf streichelte. - „Auch so eine!" sagte dann, ihr geringschätzig nachblickend, die fromme Anastasia, die in Hemd und Unterrock dastand, das braune, furchenreiche Antlitz von weißem Haar umgeben, wie verwitterter Felsen, auf dem silbriger Schnee lagert. „Laßt doch die Conchita tun, was in Euren Jahren nicht mehr nachzuholen ist," antwortete Don Antonio, der die Alte zu ärgern liebte.

Don Antonio und Donna Anastasia vertraten in diesem Hofe die beiden großen Parteien des Landes, die Liberalen und die

Klerikalen. Wenn die vielen Glocken der Stadt zum Angelus oder Ave riefen, unterbrach Anastasia das Tortillabacken, um lateinische Worte zu rezitieren, die sie einst bei den Nonnen gelernt, als es in Mexiko noch Klöster gab; sie war zur Vorbeterin für die minder gelehrten Nachbarn geworden und genoß bei ihnen jenes ehrfurchtsvolle Ansehen, das geistliche Beziehungen zu verleihen pflegen. In allen Dingen [52] hielt sie es mit dem Padre und unterstützte die Kirche mit ersparten Kupfermünzen.

Antonio dagegen versäumte nie, das Grab des Juarez und anderer revolutionärer Kulturkämpfer an den nationalen Festtagen zu schmücken, und erhoffte noch immer von freiheitlichen Institutionen die Herbeiführung einer sorgenlosen Zukunft für die Menschheit. Über der Tür seines Trödelladens hatte er einen Schädel und ein Schild angebracht mit der Aufschrift: „Zum Ende der Dinge". Hier verkaufte er mit gewerbseifriger Unparteilichkeit die Überbleibsel der verschiedenen Regierungsformen und Kulte, durch die Mexiko hindurchgegangen ist. Da gab es unheimlich schillernde Messer aus schwarzem Obsidian, mit denen einst Aztekenpriester auf dem Teocalli die Brust der der Sonnengottheit geweihten Opfer aufschlitzten; spanische Kruzifixe mit schmerzvoll verzerrten Erlöserfiguren, die, um sie den Vorstellungen ihrer indianischen Anbeter anzupassen, braun bemalt worden waren; Kirchenfahnen mit dem Bilde der durch Kongreßbeschluß aus der Republik verbannten Madonna de los Remedios, unter deren Schutz Cortez einst in das Land eingezogen war, und daneben andere mit ihrer siegreichen Rivalin, der Madonna de Guadalupe, die den Mexikanern durch Spezialoffenbarung verliehen worden ist. Es lagen da verstaubt nebeneinander [53] verrostete Schlösser und Beschläge, die den doppelköpfigen Adler Karls V. wiesen, kastilianische Wappen mit ruhmredigen Inschriften, schartige Ritterschwerter und auch Tassen mit Krone und dem Buchstaben M geschmückt, aus denen, bei Hoffesten des armen Kaisers Maximilian, treulose Gäste Kaffee getrunken; auch die trikolore

Schärpe eines der vielen durch Pronunziamiento zu kurzer Herrschaft gelangten Präsidenten war da zu haben.

Don Antonio betrachtete oftmals den mißgestalteten kleinen Paquito, als sähe er auch in ihm eine Kuriosität, die sich für seinen Laden eignen würde, und eines Tages sagte er zu ihm: „Je mehr ich dich anschaue, Paquito, mit deinem großen Kopf und winzigen Beinen, erscheinst du mir als ein Symbol der Welt! Da lastet auch das Zuviel der einen auf dem Zuwenig der anderen. Du mußt lernen, Geld zu erwerben, Paquito, und Kapitalist werden. Dann ist an dir die Reihe, die anderen zu drücken und zu knechten."

Paquito schaute ihn verwundert an. Dieser Rat schien ihm nicht leichter zu befolgen als Anastasias häufige Ermahnung, er möge ein Engel im Himmel werden. Doch Don Antonio holte aus einem Winkel seiner Kammer eine geflickte alte Fiedel hervor und erklärte Paquito, er wolle sie ihm leihen, damit er den Weg [54] zum Kapitalisten als Straßenmusikant beginnen könne. Die drei Geiger des Hofes fanden sich bereit, den künftigen Kollegen zu unterweisen. Donna Lupe und Don Eusebio war die Aussicht recht, daß der unnütze Esser nun bald etwas verdienen würde. Nur Fräulein Conchita sagte mitleidig: „Also der Pobrecito soll nun auch Geld verdienen? Ja, was müssen wir dafür nicht alles tun!"

So war Paquito unter die Musiker geraten. „Wirst ein großer Künstler werden, und die bezahlt man besser als den Präsidenten," sagte Don Antonio und machte einstweilen Paquitos alte Champagnerkiste zu einem Karren zurecht, indem er vier kleine Holzräder daran befestigte. Darin begann Paquito seine Fahrten durch die Straßen, sobald er ein paar Stückchen spielen konnte. Die Vettern zogen ihn im Galopp über das löchrige Pflaster und konnten nicht genug lachen, wenn er bei den Stößen vor Schmerz aufschrie. Und was er erwarb, nahmen ihm andere weg, wie es vielen beginnenden Kapitalisten ergeht. Die Tante verlangte, daß ihr alles abgeliefert würde, und fand, daß es nie genug sei; dann riefen die

Vettern: „Ja, Paquito war heute faul und hat nicht spielen wollen," und er wagte nicht zu erzählen, wieviel Kupfermünzen sie ihm unterwegs abgenommen hatten, denn er fürchtete sich vor ihren Fäusten. [55]

Das einzige, was Paquito an seinem neuen Beruf behagte, war, daß er nun die Stadt etwas kennen lernte. Er war ganz verwundert, daß es außerhalb des Hofes noch eine so große Welt gab, und konnte sich nichts Herrlicheres vorstellen, als den weiten Platz, wo die mächtige Kathedrale steht, deren hohe Türme in den Himmel zu reichen schienen. Vor der Kirche, wo die Indianerinnen allmorgendlich Blumenmarkt halten und große Haufen Mohnblüten umherliegen, wie rosa und blaßlila Wolken, da geigte er am häufigsten, denn die Knaben hatten erwerbskundig herausgefunden, daß an den Türen des Heiligtums und vor der stummen Schönheit der Blumen am meisten milde Gaben für den kleinen Musikanten abfielen.

Als aber Paquito dem freigeistigen Antonio erzählte, wie schön es vor der Kathedrale sei, antwortete dieser: „Da solltest du den Platz aber erst mal am Abend des Befreiungsfestes sehen - da würdest du Augen machen." Befreiung? dachte Paquito, ja, hatten die großen gesunden Menschen denn nicht schon die Freiheit? Die waren doch in keiner Kiste gefangen, konnten gehen, so weit sie wollten, vermochten auch sich zu wehren, wovon sollten denn sie sich befreien?

„Was ist denn das: Befreiungsfest?" frug er. „Das ist die Gedächtnisfeier der großen Tat Hidalgos, [56] der die Glocke seiner kleinen Dorfkirche eines Nachts vor bald hundert Jahren läutete, um zum Kampf gegen die Spanier zu rufen. Die Glocke kannst du auf dem großen Platz am Nationalpalast sehen. Man hat sie dorthin gebracht, nachdem unsere Bedrücker vertrieben und wir ein freies Volk geworden waren, und zum ewigen Gedächtnis ist sie am Palast aufgehängt."

„Und was geschieht denn bei dem Fest?" frug Paquito.

„Abends Schlag 11 Uhr tritt der Präsident auf den Balkon des Palastes, schwingt unsere ruhmreiche Fahne und läutet Hidalgos kleine Glocke, und dabei stößt er den Freiheitsruf aus. Kanonenschüsse ertönen, und von den Türmen der Kathedrale dröhnen die Glocken, auch die ganz, ganz große, die Donna Maria heißt; - da läuten sie doch mal zu etwas Vernünftigem!"

„Versündigt Euch nicht, Don Antonio!" sagte die alte Anastasia, „der Padre meint, die Spanier wären fromme Leute gewesen, und es sei ein großer Frevel, daß man sie vertrieben habe."

„Das glaub ich, daß der das sagt," rief Don Antonio erregt, denn als die Spanier hier herrschten, denn als die Spanier hier herrschten, gehörte die halbe Stadt den Klöstern und Kirchen, und die Priester ließen jeden verbrennen, der nicht glaubte, was sie wollten - gut, daß mit alldem aufgeräumt ist.

[57] Die alte Anastasia bekreuzigte sich entsetzt: „Bei Gott, Don Antonio, ich fürchte, ihr seid kein Christ!"

Antonio aber, vom Klang seiner kastilianischen Worte berauscht, deren Töne so voll dahin rollten, fuhr fort: „Ja, durch die glorreiche Revolution haben wir bewiesen, daß wir ein Volk von Helden sind, die keiner Religion bedürfen und mit der Vernunft allein alles fertigbringen. Drum steht auch in unseren Reformgesetzen, daß kein Beamter der Republik eine Kirche betreten darf! Das ist wahre Freiheit!"

Anastasia aber ließ sich nicht einschüchtern: „Der Padre sagt, nach Eurer glorreichen Revolution sei es hier drunter und drüber gegangen und immer schlimmer geworden, bis jetzt endlich einer gekommen, der ein strengerer Herr wurde als je ein Spanier - der große Don Porfirio."

In Paquito, der noch nie zu einem der vielen Feste mitgenommen worden, mit denen Kirche und Nationalgeschichte Mexiko so reichlich beschenkt haben, war der brennende Wunsch entstanden, das Befreiungsfest sehen zu dürfen. Viel mehr als Don Antonios patriotische Reden trugen Fräulein Conchitas Beschreibungen dazu bei. „Wie mit einem Zauberschlag erhellen Tausende kleiner Lichtchen auf einmal alle Gebäude rings um den [58] Platz," erzählte sie. „Es ist dann, als leuchteten plötzlich alle Sterne nicht mehr droben am Himmel, sondern hier drunten auf der Welt."

Die Verwandlung der Erde in einen Himmel! Ja, so etwas mußte das geheimnisvolle Wort Freiheit wohl bedeuten. Diesen Sinn gewann es für den armen kleinen Paquito, der von der Freiheit noch viel weniger wußte als all die anderen Menschen. Und diese Vorstellung begann nun seine Träume zu füllen. Er hatte sich ja immer schon auf die Schlafenszeit gefreut, denn ihn dünkten die Stunden der Nacht nicht verlorene Stunden, wie die anderen gesunden Kinder sagten, die nie zu Bett gehen wollten. Schlafen, das ist ja der Himmel der Unglücklichen. Jetzt aber rückte sich in Paquitos Träumen alles zurecht, was bei Tage so unverständlich verkehrt erschien: im Traumland, da herrschte die Freiheit, da war alles so, wie es auf Erden hätte sein sollen, da gab es keinen Hunger und keine bösen starken Menschen, die die armen schwachen knechten, bis sie auch böse werden. Und auch keine elenden Menschenstäubchen gab es, die von her Schuld anderer erdrückt werden und es alles dulden müssen. Nein, im Traume hatte Paquito gesunde kleine Beinchen, die trugen ihn, wohin er wollte, und er lief stets auf den großen Platz, der von tausend Sternchen erglänzte. Und mit den [59] Sternen war auch seine Mutter aus dem Himmel auf den Platz herabgestiegen; obschon er sie im Leben nie gesehen, erkannte er sie doch gleich inmitten aller anderen, denn sie glich ja dem Madonnenbild im Hofe; sie hob ihn auf und sagte: „Ich hab' schon lang auf dich gewartet, Paquito," und drückte ihn dabei so fest an sich, daß er ihr Herz schlagen hörte, aber jedesmal, wenn er so weit in dem Traume war, erwachte er und war wieder der verlassene kleine Krüppel in dem finstern Kammerwinkel, und was er für die Herzschläge seiner Mutter gehalten, das war das ferne Läuten einer der vielen Glocken der Stadt, die dröhnend die dahin eilenden Stunden künden, in denen die Freiheit doch nimmer kommt.

Immer häufiger ward während der nächsten Wochen vom herannahenden Feste in dem Hofe gesprochen. Und nicht nur in dem Hofe, durch alle Straßen der Stadt, durch das ganze Land ging das Reden von dem großen Tage, der sich bald wieder jähren sollte. - Es war, als erwarte ein jeder etwas Gutes davon. Und es waren nun doch schon nahezu hundert Jahre her, daß Padre Hidalgos Glocke die Freiheit eingeläutet hatte, und der Menschen Los habe sich in all der Zeit noch immer nicht sonderlich verändert! Es gab nach wie vor viele Arme und einige wenige Reiche, solche, die der Hunger zur Arbeit zwang, und andere, die stets vom Nichtstun [60] auszuruhen schienen, der Stärkere drängte noch immer die Schwächeren hinab von den Stufen der Leiter, und es war eigentlich alles beim alten geblieben, weil eben in manchen Dingen überhaupt kein Wandel geschaffen werden kann. Aber auch wie von uralters her bestand das Bedürfnis weiter, sich zu täuschen, zu berauschen, weil die Menschen stets etwas haben müssen, das sie umjubeln können, einen Fetisch, den sie gläubig anjohlen, bis daß er sich als trügerisch erweist, und sie ihn stürzen, um einen neuen zu errichten. Blutende Menschenopfer hatten sie auf dem hohen Teocalli inmitten des großen Platzes zürnenden Göttern zur Versöhnung dargebracht, bis diese Götter sie in ihrer Not dem neuen Gotte gegenüber im Stich ließen, und sie nun die Götzenbilder zertrümmerten und an derselben Stätte den Tempel des fremden siegreichen Gottes errichteten, sich knechtisch vor ihm niederwerfend und alles von ihm erhoffend; Andersgläubige hatten sie dann ihm zu Ehren verbrannt und vernichtet. Aber auch er brachte ihnen nicht Erlösung von Hunger und Krankheit und Leiden. Da stürzten sie Gott den Göttern nach, hinab in den Abgrund, wo die Dinge liegen, die die Menschen überwunden zu haben wähnen, und nun war es die Freiheit, der sie zujubelten - der neue Fetisch - auch wieder von fernem Gestade jenseits des Meeres ihnen zugeführt. Hundert Jahre [61] bereits hatte der neue Trug geherrscht; drüben im Weltteil seiner Entstehung war der einstige heiße Glaube an seine Kraft längst schon durch skeptische Zweifel erschüttert worden - hier aber, in einem Lande der Ideen zweiter Hand, hielt man noch am Glauben an ihn fest, stellte ihm von Jahr zu Jahr eine neue Frist, in der er der Menschheit das erwartete Glück bescheren sollte.

Zwar hatten sich die Verhältnisse wirklich in manchen äußeren Dingen gebessert. Es wurde nicht mehr von einer Seite des großen Platzes zur andern von den Anhängern zweier verschiedener Präsidenten geschossen, die Postkutschen wurden nicht mehr auf dem Wege von dem Hafenplatz zur Hauptstadt ausgeplündert, man konnte nachts in den Straßen gehen, ohne ermordet zu werden - weil es überhaupt im Lande nicht mehr einander bekriegende Parteien gab, weil vor dem elektrischen Licht die finsteren Winkel und Gassen verschwunden waren. Auch war das Land nicht mehr ein Objekt bloßer Ausbeutung für das Ausland, sondern es floß ihm im Gegenteil viel Geld von dort durch den wachsenden Verkehr zu. Aber diese Wandlungen waren nicht etwa Segnungen, die Don Antonios Göttin, die Freiheit, gebracht hatte. Freiheit hatte am allerwenigsten mit alledem zu tun. Es war, daß in das frühere Wirrnis unaufhörlicher Revolutionen eine starke Hand eingegriffen [62] und die Ordnung hergestellt hatte, die nötig, um jene kleinen äußeren Fortschritte zu verwirklichen, die das einzige sind, was überhaupt am Menschenlose gebessert werden kann. Ein starker Mann war endlich erstanden; der kannte der Völker altes Begehren nach berauschenden Worten und ließ dem seinen die Freude, die Freiheit gröhlend zu feiern, schwang selbst die Fahne, läutete die Glocke beim Feste - dahinter aber barg sich die eiserne Faust, die das Volk zwang, Ruhe zu halten und all das Übel geduldig weiter zu tragen, wovon keine Staatsform und keine Religion die Menschen je zu befreien vermag. Denn Befreiung ist nicht von dieser Welt. In ein glückliches Jenseits verlegt sie darum frommer Glaube - andere

Weisheit spricht, daß nur völlige Erlöschung des Ichs sie zu bringen vermag.

Leuchtend ging der Tag des Festes auf, alsbald die Welt mit einer Fülle des Lichtes übergießend, die alle Farben auflöste zu einem einzigen großen Flimmern, wie es nur in der unendlich durchsichtigen Höhenluft möglich. Blaßblauem Dunste gleich standen am Horizont die Gebirge, von den beiden schneebedeckten Bergeshäuptern überragt, die uralt waren, als zum erstenmal Menschen das Wort „Freiheit" sprachen.

Seit Tagen waren schon viele Leute von anderen [63] Städten gekommen. Aus entfernten Teilen des Landes zogen stündlich Scharen von Indianern in die Hauptstadt ein, in verschiedenen Trachten und beladen mit allerhand kleinen Erzeugnissen ihrer Dörfer, die sie zu verkaufen hofften. Baumzweige, aus denen schmarotzende Orchideen hervorwuchsen, brachten manche vom Gebirge; andere, die aus den niedrigen heißen Landstrichen heraufgestiegen waren, boten süßduftende Gardenien feil, die sie in ausgehöhlten Stücken von Bananenstämmen kühl und frisch aufbewahrten. In den Schenken, wo der bläuliche Agavensaft verkauft wird, herrschte ein beständiges Gedränge. Auf dem großen Platz waren Reihen wackliger Buden aufgeschlagen, ein Podium erbaut für die Musikkapellen und hohe Stangen errichtet, an denen die Fahnen wehten.

Alle Bewohner des Hofes wollten zum Feste. Die drei Musikanten waren längst fort; nun trat auch Don Antonio aus seinem Laden und schloß die Tür hinter sich ab, während gleichzeitig Fräulein Conchita die Treppe herabkam, in frischgebügeltem Rock, buntem Rebozo und mit Blumen im Haar.

„Wollt ihr auch die Freiheit feiern?" frug Antonio, und Conchita antwortete: „Ach was feiern, wenn ich nur was verdiene. Geld, das ist Freiheit."

Sie traten hinaus in die Straße und wurden verschlungen [64] von dem dichten Menschenstrom, der sich dem Platz zuwälzte. Anastasia, die am Hoftor stand, schaute in das vorbeirauschende Menschengewirr und dachte: „Da gehen sie nun alle hin, vertun ihr bißchen Geld, sind morgen ärmer denn je - nur Conchita und die Pulqueläden haben Profit von der Freiheit. Wenn die Leute wenigstens das Geld für Seelenmessen nach ihrem Tode sparten, da hätten sie doch etwas davon, kämen früher aus dem Fegefeuer in den Himmel."

Paquito hatte während all der letzten Tage viel Kupferstücke heimgebracht, denn ein Festestaumel hatte all die Menschen ergriffen, die in Zeitungen lasen, in Reden hörten, welch große Helden ihre Väter gewesen, und wie unermeßlich reich sie selbst durch den Besitz der Freiheit seien; da gaben sie gerne.

Noch am Morgen des Festtages hatte Lupe die eigenen Söhne mit dem kleinen Neffen ausgeschickt und war diesmal zufrieden mit dem Verdienst, den sie ihr brachten.

Nun saßen sie alle im Hofe und löffelten mit Stücken Tortilla, die sie geschickt zu Schippen formten, die scharfe rote Sauce aus, die Lupe auf dem kleinen Holzkohlenherd aus Tomaten und rotem Pfeffer bereitet hatte. Ein großer Krug Pulque kreiste in der Runde.

In der Straße hörte man viele Schritte von Leuten, [65] die zum großen Platze zogen. „Nun geh' ich," sagte Don Eusebio, den letzten Schluck Pulque leerend.

„Aber heute will ich auch nicht zu Hause bleiben," rief Lupe, „nie nimmst du mich mit; bin ich denn weniger als die Hunde, die begleiten doch ihre Herren."

„Bist wohl nicht recht klug," antwortete der Mann, „wer soll denn bei den Kindern bleiben."

Es entspann sich ein Streit, aber Lupe gab nicht nach, bestand weinend darauf, mitzugehen, beschuldigte Eusebio der schwärzesten Absichten und erklärte zum Schluß, Anastasia, die nicht ausginge, würde schon mal nach den Kindern sehen.

„Aber wir wollen auch zum Fest!" riefen diese. Doch nun vereinten sich die Eltern gegen die Kinder, drängten sie in die Kammer, schlossen zu und eilten davon.

Als sie aber fort waren und aus Anastasias Zimmer das eintönige Rezitieren unverständlicher lateinischer Worte drang, öffneten die größeren Vettern das Schloß gewandt mit einem Drahte und wollten davon. Doch Paquito, der nur den einen Wunsch hegte, das Fest zu sehen, beschwor sie: „Nehmt mich mit, nehmt mich mit! Ich will auch nie verraten, wieviel Kupferstücke ihr für euch behaltet." Und endlich ließen sie sich erweichen, und während Anastasia in ihrem Kämmerchen vor den [66] Heiligenbildern kniete, gelang es ihnen, unbemerkt mit Paquito und seinem Kistenwägelchen in die Straße zu kommen.

Da war es schon dunkel, und noch gewaltiger als bei Tage schien jetzt das Menschengewühl in der Nacht. Wie Wogen, die aus den unerschöpflichen Tiefen eines großen dunklen Meeres aufsteigen, so fluteten all die Leute vorbei, alle in derselben Richtung vorwärts drängend; die stieren indianischen Gesichter von fieberhafter Erwartung erfüllt, die sonstige Indolenz verwandelt zu gieriger Hast; in den Zügen aller die Sucht nach dem Schauspiel, die in den Seelen der Völker schlummert. Ein fremder Geist schien in sie gefahren; vielleicht aber war es gerade der ureigenste Geist ihrer Rasse, der sich da offenbarte und aus ihren blitzenden Augen, wilden Gebärden und mordgierigen Schreien redete. Dunkle Erinnerungen an uralte Vergangenheit mochten, ihnen selbst unbewußt, erwacht sein, Erinnerungen an die Zeiten, da auf diesem selben Platz Tausende zum großen Teocalli zogen, um die zuckenden Menschenopfer auf dem Schlachtaltar zu sehen. Atome, die damals

Gehirn und Nerven der Vorfahren gebildet, hatten sich im ewigen Kreislauf der Dinge vielleicht wieder zusammengefunden, um Gehirn und Nerven dieser späten Nachkommen zu formen; - ein schwächeres Geschlecht, das [67] nicht mehr nach Menschenopfern schreien durfte, johlte es heute nach dem Phantom der Freiheit.

Nun waren die Knaben auf dem Platze angelangt. Noch dichter war hier das Menschengewühl als in den Straßen.

„Dort neben die kleine leere Bude wollen wir dich hinziehen," sagten die Vettern, „wir wollen uns alles ansehen, nachher holen wir dich ab."

Schon waren sie verschwunden - wie Tropfen von der großen Menschenwelle aufgesogen. Paquito in seinem Kistchen war allein inmitten der Tausende und Tausende fremder Menschen.

Von da unten, wo er saß, sah er die bunten Röcke der Frauen und die langen, schweren Sporen an den Stiefeln der Männer. Das war eigentlich alles, was er von dem Feste erblickte, das und die eine Wand der kleinen Bude, in der tagsüber billiges Tonspielzeug feilgeboten worden, die aber nun in der Nacht, wo niemand mehr an Kaufen dachte, geräumt war. Jedesmal, wenn Menschenmassen vorwärts drängten, schwankte das mit Leinwand bespannte leichte Lattengerüst und beugte sich zur Seite, auf Paquito nieder.

„Ist das alles?" frug er sich. „Wo mag die Glocke sein und die Fahne? Und die vielen Lichtchen, die wie Sterne glänzen? Und wo, wo ist denn nur die Freiheit?"

[68] Wie er so dachte, verstummte plötzlich das wogengleiche Brausen und Rauschen der vielen tausend Stimmen. Lautloses, erwartungsvolles Schweigen lag plötzlich über dem ganzen ungeheuren Platz. Und Paquito in seiner Kiste reckte sich; er fühlte, das mußte der Höhepunkt des Festes sein, irgendwo geschah jetzt

etwas Großes. Da war es ihm, als höre er durch die tiefe Stille eine einzelne Stimme in der Ferne erklingen - ob das wohl der Präsident war, der, die Fahne schwingend, den Freiheitsruf ausstieß? Aber schon war die Stimme verhallt, und ein Brüllen wie wütender Wogenschwall antwortete ihr: „Es lebe die Freiheit, die Freiheit, die Freiheit!" So scholl es immer wieder aus den vielen tausend Kehlen. Es war ein Rasen, ein Brausen, ein Kreischen kaum noch menschlicher Stimmen. Kanonenschüsse, Glockengeläut wurden übertönt von den wildesten aller Bestien, den Menschen. Ein Taumel, ein Paroxysmus hatte sie alle erfaßt - „Freiheit, Freiheit!" brüllten sie weiter, und schienen alle von Dämonen geknechtet.

Und all die anderen Tausende, die, noch immer aus den Straßen dem Platze zuströmend, den Ruf vernahmen, drängten nun plötzlich mit erneuter Gewalt vor. Die ganze ungeheure Masse gestauter Menschen ward von dem entferntesten Ende des Platzes durch unsichtbare Gewalt gehoben und vorwärts geschleudert.

[69] Wie eine Sturmflut, die keine Macht aufzuhalten vermag, prallten sie bis gegen die Mauern des alten Palastes, auf dessen Balkon hoch oben der berühmte Präsident stand.

„Es lebe die Freiheit, die Freiheit, die Freiheit!" so brüllte die vorwärts brausende Menschenmenge, alles vor sich niedertretend. Über das Podium der Musikkapelle stürmte sie, vorwärts, vorwärts!

Und Paquito sah nichts mehr, er hörte nur noch ein ungeheures Lärmen, das näher und näher kam. Und plötzlich gab die kleine, schwankende Bude dem wachsenden Drucke nach. Krachend brach sie über Paquito zusammen, ihn mit Latten und Leinwandfetzen bedeckend. Hunderte drängten gleich vor in den freigewordenen Raum, ihn alsbald dicht erfüllend. Wie Wasser oder Wüstensand, so schloß sich die lebende Masse. Hunderte von Füßen stampften über die Trümmer hinweg, traten das Holzwerk nieder, achteten nicht, wohin sie schritten, eilten unaufhaltsam vorwärts, vorwärts, von immer neuen nachrückenden Massen geschoben.

„Es lebe die Freiheit, die Freiheit, die Freiheit!"

Unten am Boden aber, zwischen den grausam eilenden Füßen, erklang ein schmerzerfülltes Wimmern, das sich unbemerkt in dem Brüllen der Tausende verlor.

Noch einmal tönte es - leise - ganz leise.

[70] Zermalmt, zertreten, von immer neuen Füßen niedergestampft in die Erde, lag Paquito da - eine unkenntliche Masse.

Und war unter den Tausenden, die das Freiheitsfest feierten, doch der einzige, der die Befreiung gefunden.

Unter blühenden Mangobäumen

Als die Mangobäume blühten, wandelte die fremde nordische Königin durch die alten Gärten. Schwarzäugige Dienerinnen folgten ihr langsamen Schrittes auf den schattigen Wegen. Schleppend und weich waren die Bewegungen dieser Töchter der Tropen.

An den grünen, trägen Wassern, die in Marmorbecken schlummern, schritt die Königin vorüber. Vorüber an den Reihen grauer, verwitterter Vasen, in denen, an hohen Stengeln, Tigerlilien die weißen, schwarzgefleckten Kelche öffnen. Wildes tropisches Gerank schlang sich um moosbewachsene Postamente, zog sich liebkosend empor an den steinernen Gliedern alter Göttergebilde, hielt eilende Nymphengestalt mit grünen Fesseln gefangen, warf keck um die Stirn des Fauns einen Kranz tiefvioletter Glocken. - Des späten Nachmittags Glut lag über den Garten gebreitet. Unter dem dichten Gezweig der Mangobäume brütete die Hitze, reifend des Kaffees Zwillingskörner in den kleinen, rötlichen Kapseln. Nicht der leiseste Hauch bewegte die duftbeladenen Lüfte, regungslos hingen die blanken Blätter. Stille überall. Nur die allerkleinsten der buntgefiederten Kolibris schossen surrend umher, wie Saphir und Smaragd schimmerten sie im grellen Sonnenglanze, tauchten dann unter in die geheimnisvoll lockende Tiefe des Dickichts, schlüpften wonnetrunken in den purpurnen Schoß der flammenden Ibiskus. Doch die Königin achtete nicht der Blumen, die ihr am Wege erblühten, schaute nicht auf zum lichtdurchflimmerten Himmel, nicht zu den Blätterkronen und den bräunlichen Dolden, die die ragenden Palmenstämme tragen. In sich gekehrt war ihr Blick, sah nur die Welt eigenster Wünsche und Sorgen.

Von fernem, nordischem Heimatsgestade war sie mit dem König gekommen, gerufen, über dies heiße, wogenumschäumte Eiland zu herrschen. Kalt und streng war der Königin Antlitz, doch in ihr loderten Kampfeslust und Schaffensdrang gleich flackernden

Flammen, und dies neue Reich sah sie an als ein ihr geschenktes Feld, daran sich zu betätigen heiliger Ruf sei. Zu herben Tugenden, die rauheren Himmelsstrichen entstammen, wollte sie die neuen sorglosen Untertanen erziehen, bis ein ganzes Volk das Gepräge ihrer eigenen Willensstärke trüge, und sich die träge, stumpfe Masse in die Gesetze und Sitten fügte, die ihr selbst alter Glaube und graue Überlieferung als heilig lehrten. Während andere Nordländer in der tropischen Glut ermatteten, an den leichten Freuden des Daseins die stählerne Kraft vergeudeten und fremdes Siechtum entnervend sich durch ihre Adern schlich, war es, als ob die südliche Sonne in der Königin Herz an jedem neuen Morgen neue Feuer des Wollens entfache. Jeder einzelne Nerv in ihr schien zu erzittern, gespannt bis zu äußerstem Vermögen, als sollten ihre Kräfte sich ins Unendliche steigern, um auszureichen, wo die eines Andern versagten. Und diese Überreiztheit des Tatendranges war auch eine Form der verzehrenden Krankheit, die die Nordländer befällt, wenn sie, im ungleichen Kampfe gegen die geistlähmende tropische Sonne, eigenes Wesen behaupten wollen.

Noch nicht lange weilten der König und die Königin in ihrem neuen Reiche, doch schon waren Unzufriedenheit und Haß gegen die fremde Herrschaft erwacht, und es mehrte sich täglich die Kunde von Aufständen, die an verschiedenen Punkten der Insel ausgebrochen seien. Aus benachbarten freien Ländern, die alles königliche Regiment haßten, erhielten die Aufrührer schon heimliche Unterstützung, und es hieß, daß ihnen von dort bald offen Hilfe geleistet werden würde.

Eben jetzt saß der König in der Versammlung der Alten, zu beraten, was zu tun sei, um die dem neuen Throne drohende Gefahr abzuwenden. Stürmisch hatte die Königin verlangt, an dem Rate teilzunehmen, doch dies widersprach zu sehr den alten Gebräuchen des Landes, in dem die Frauen abgeschlossen ihr Dasein verträumten. Solche Sitten abzuändern, würde eine ihrer ersten Sorgen sein, dachte die Königin unwillig, während sie, umgeben von ihren Dienerinnen, in dem Garten harrte, daß der König käme, ihr zu verkünden, was beschlossen worden. Und sie beneidete ihn, daß er handeln konnte, während sie die eigene feurige Seele nur in der unbeachtetsten aller Künste, dem tatenlosen Warten, üben durfte.

Schwüler und beklemmender noch als sonst dünkte es die Königin heute in der Stille des alten Gartens, und gefolgt von den schwarzäugigen Mädchen, trat sie auf einen freien Altan am Ende der Allee blühender Mangobäume, zu sehen, ob dort vielleicht etwas frischere Luft wehe.

Von hier aus bot sich ein weiter Ausblick, und man gewahrte, daß der Garten, von Mauern gestützt, am Abhang eines Abgrundes lag. Jäh senkten sich die Felsen hinab in die Tiefe, doch das Dräuende der Lage war verhüllt durch zahllose Blumen, die in daseinsfroher Üppigkeit zwischen dem Gestein wucherten. Ganze Schleier weißer Sternenblüten hatte duftender Jasmin über die Klippen der schaurigen Schlucht gebreitet, und gleich blaßlila Schatten lagen Klematis an die Bergwände geschmiegt. Unter diesem Gewebe tropischer Ranken mit ihren vielfarbigen leuchtenden Blumen verschwanden die zackigen Spitzen und unheimlichen Klüfte, gleich furchtbarer Wahrheit hinter einem Netze süß betörender Lügen.

Von der Höhe des Altans schaute die Königin hinab in die Schlucht. Und weiter schweifte ihr Blick über das helle Grün wogender Zuckerrohrfelder tief unten in der Ebene und verlor sich im bläulichen Dunste, der den fernen Ozean verbarg. Das überreiche Naturleben um sie her, dies gedankenlose Keimen und Wuchern, wo immer nur sich ein Fleckchen Erde fand, um Wurzel zu fassen, diese Blüten, die aus totem Geäst noch Nahrung sogen oder an langen Fäden in der schwülen Luft hingen das alles empfand die Königin als ihrem Wesen heute ganz besonders fremd, und sie wehrte sich dagegen wie gegen etwas Feindliches, nicht wollend, daß der gefährliche Zauber dieser daseinstrunkenen Welt, der in tausend süßen Düften schmeichelnd zu ihr aufstieg, ihren Sinn betöre. Sie floh davor in das kühle Reich der eigenen Erwägungen. Absichtlich die Augen gegen die innerste Natur des Landes verschließend, sann sie grübelnd nach, wie des Königs Macht wohl zu befestigen wäre, auf daß sie beide ihre Bestimmung erfüllen könnten, mit ehernem nordischen Willen dies Volk zu höheren Zielen zu leiten.

Etwas abseits lehnten unter den blühenden Mangobäumen die schwarzäugigen Dienerinnen. Aus dem keimüberfüllten Boden schienen sie aufzusteigen wie die Pflanzen, seltsamen Blumen gleich, die sich zu bewegen vermöchten. Abhold waren sie allem Grübeln über der Menschen Bestimmung und Ziele, dehnten lässig die geschmeidigen Glieder, sahen, wie die ganze übervolle, lebenwollende Natur um sie her, Erfüllung des Geschickes nur in der ewig erneuernden Liebe. Anderes Sehnen kannten sie nicht.

Zuweilen schauten die Mädchen scheu nach der fremden Frau aus dem Norden, doch als sie gewahrten, daß diese, wie es oft geschah, sich in tiefes Sinnen verloren, begannen sie untereinander leise zu flüstern. Uralte Sagen des Landes erzählten sie sich, und alle handelten sie von der Liebe und von dem Tode.

An der Königin Ohr drangen die Laute, aber sie achtete ihrer anfänglich nicht und empfand den Klang der süßen, jugendlichen Stimmen nur wie eine leise wiegende Begleitung zu der stürmenden Melodie eigener Herzenstöne. Doch einige Worte, die sie deutlicher vernahm, drangen bis zu ihrem Bewußtsein, hielten die eilenden Gedanken gefangen. Sie lauschte und fragte dann: »Was redet Ihr, Mädchen?«

Maria del Carmen, die glutäugige, antwortete: »Maria de los Dolores erzählte uns eben eine Sage von der Liebe.«

»So eine traurige Sage,« hauchte die schmachtende Maria de la Soledad.

»O Mädchen, was wollt ihr nur immer mit der Liebe!« sagte die Königin spöttisch.

Doch die sanftblickende Maria de la Merced warf schüchtern ein: »Ach, Königin, in meiner Heimat, drunten am Meeresstrand, sagen sie, die Liebe allein mache das Leben wert, gelebt zu werden, und Schöneres gäbe es nirgends auf Erden, auch nicht jenseits der Ozeane, von wo Ihr gekommen seid.«

»Wir haben die Tat und die Kraft und das Streben,« antwortete die Königin, »was wißt Ihr hier davon? - Doch,« setzte sie hinzu, »Maria de los Dolores mag uns nun die Sage erzählen.«

Die Königin hatte sich auf eine der alten Steinbänke des vorspringenden Altans gesetzt. Marmorgleich hoben sich die Umrisse ihrer weißen Gestalt von dem Himmel ab, den die sinkende Sonne golden und rosenrot malte. Maria de los Dolores lehnte an einem der mächtigen Stämme, die Gefährtinnen zu ihren Füßen gelagert, aufschauend in das Dachwerk verschlungener Äste und tiefgrüner Blätter, hub sie zaghaft an:

»Es ist nur eine ganz kleine Geschichte, o Königin, die die Frauen daheim erzählen, wenn die Mangobäume blühen. Von dem Häuptling Tuspa handelt sie, der beutelüstern den Kriegspfad zu beschreiten dachte. Tuspa bemalte sein Antlitz, daß sein Anblick Schrecken in jedes Feindes Brust erregen mußte, hing den bunten Federmantel um und nahm den starken Bogen mit den weit schwirrenden Pfeilen. Aber Malintzin, sein Weib, sah es mit Kummer und beschwor ihn weinend, bei ihr zu bleiben, denn ein Traum hatte ihr verkündet, daß Tuspa aus diesem Kampfe nimmer heimkehren würde. Er aber stieß sie zurück, denn sein Sinn war nur auf Raub und Ruhm gerichtet, und er achtete nicht der Frauen ängstliche Warnung. So stürmte er in den Wald, wo die Mangobäume blühten. Doch Malintzin eilte ihm nach, schlang plötzlich die Arme um seinen Hals und küßte ihn. Und dann sprach sie jubelnd, trotz ihrer Tränen: ›Tuspa, mein Herr, nunmehr magst du zum Kampfe ziehen; ehe noch fremder Pfeil dich erreicht, werde ich, die ich ohne dich nicht zu leben vermöchte, schon deiner harren im Reiche der Todesgöttin - denn uralter Priesterspruch kündet, daß, wenn zwei Liebende unter blühenden Mangobäumen weilen, der den andern zuerst küßt, auch vor ihm in den Tod gehen wird. Und ich habe dich unter den blühenden Mangobäumen zuerst geküßt, Tuspa, mein Herr!‹

Als dann nach Monden ein Bote kam, zu melden, daß Tuspa von Feindes Pfeil gefallen, fand er Malintzin nicht mehr: sie hatte den Spruch erfüllt, war dahingesiecht und, ehe noch der Mango Blüten verwelkt, in das Todesreich eingegangen, weil sie ohne Tuspas Liebe nicht zu leben vermochte.«

Maria de los Dolores schwieg. In Maria de la Soledads Augen standen Tränen wie Tautropfen in dunkeln Blütenkelchen, und sie fragte leise: »War so viel Liebe nicht schön, o Königin?«

Doch die Herrscherin antwortete: »Eine Närrin war Eure Malintzin, ihr Mädchen! Anfeuern hätte sie ihn sollen und ihm die Waffen reichen, die Neidenswerte, die einen Mann besaß, der nach Kampf und Ruhm verlangte.«

Während die Königin noch sprach, tönten Schritte in der schattigen Allee. Die dunkeläugigen Marien erhoben sich und verneigten sich mit wiegender Anmut gleich bunten Glockenblüten an biegsamen Lianen.

Der König nahte.

Voll sehnsüchtiger Bewunderung hoben die Blicke all der nachtfarbenen Augenpaare sich empor zu ihm. Diesen Töchtern des Südens mochte ihr neuer Herrscher wie ein Gott blassen nordischen Lichtes erscheinen mit dem hellgoldenen Haar und dem weißen

Antlitz, in dem große, blaue Augen leuchteten. Seltsam war ihr Blick, als hafte er verzückt irgendwo weit in der Ferne - denn dieser König besaß die Augen derer, die nie die Welt sehen, wie sie in Wirklichkeit ist, und während seine Gedanken fernab schweiften, spielte ein träumerisch weiches Lächeln um seine Lippen, wie es dichtenden Schwärmern eigen, die köstliche Visionen schauen und sie für greifbar halten.

Unendlich fremdartig erschien er in seiner nordischen Schönheit hier in der duftüberladenen Schwüle des tropischen Gartens. Doch während die Königin durch ihre selbstbewußte Überlegenheit und herrische Unrast die Kinder des Landes verletzte, gewann der König manch heißes, südliches Herz durch den Zauber seiner Schönheit, den Glanz seiner Augen, die bestrickende Weichheit seines Wesens. Von der Frau fühlten sich die ihr ungleichen Menschen abgestoßen, weil sie empfanden, daß gerade das tropische Land und die südlich lässige Weise ihr in innerster Seele zuwider waren - in dem Manne aber hatten sie bald einen derer erkannt, die überall auf Erden fremd sind, einen wachenden Träumer, der nur in dem wechselnden Reiche selbstgeschaffener Phantasmagorien heimisch war, und der in all seiner Kraft und Herrlichkeit doch etwas unbeholfen Kindliches bewahrte. Solche Männer aber sind von den Frauen aller Länder und Stände seit jeher geliebt worden, und so gab es denn auch in des Königs Reich manche Hütte aus Palmenblättern und manchen zinnengekrönten Palast, wo weiche Arme, pochende Herzen und zärtliche Lippen sehnsüchtig ihres Herrschers harrten.

Und der König achtete gern der Blumen, die ihm am Wege blühten.

Von Donna Miranda, der schönsten Frau der Insel, wurde flüsternd erzählt, daß der König sie heimlich besuche in ihrem weißen Landhaus oben auf der Hochebene, am Fuß des Gebirges, wo oftmals Jagden abgehalten wurden. - Auch zu der Königin war diese Kunde gedrungen; doch was sie dabei empfunden, hatte sie der Welt verborgen, und wie alle, denen die Gabe der Mitteilsamkeit versagt ist,[83] fand sie nirgends viel Mitleid, man sagte, sie sei ja so kalt wie die schneebedeckten Berge.

Heute sicherlich dachte sie an andere Gefahren.

Als der König freundlich die sich entfernenden Marien gegrüßt, sank er müde auf die Bank neben der Königin nieder. Sein beladenes Herz schüttete er vor ihr aus, die völlige Ermattung zeigend, die mit phantastischen Plänen oftmals bei ihm wechselte. Es lag etwas Knabenhaftes in seinem Drang nach Aussprache und in der Erleichterung, die er empfand, wenn sie seine Sorgen kannte.

Der Königin Stirn verfinsterte sich: Verrat überall und nun noch Gefahr von außen. Die Alten im Rate hatten nur allzu deutlich gezeigt, daß sie die Lage als verzweifelt ansahen; die Feinde des fremden Herrscherpaares mehrten sich täglich, in großer Obermacht stand ihr Heer den Königsanhängern auf der Hochebene gegenüber.

Und der König sprach: »Welch Trugbild hat mich hierher gelockt! Als die fremden Männer kamen, mir die Krone anzubieten, da wähnte ich, daß ein Reich meiner harre, mich mit Jubel zu begrüßen. Der Wind trieb unser Schiff meiner Sehnsucht nie schnell genug über den Ozean, ich konnte den Augenblick nicht erwarten, mein Land und mein Volk zu erblicken, die ich schon liebte, ehe ich sie kannte. Aber seitdem wir hier sind, sehe ich täglich mehr, daß es ein unheilvoller Irrtum war. Keiner versteht, wie ich es meine, und die mich riefen, fallen zuerst von mir ab. Ich wollte Frieden und Gedeihen bringen, und nun soll um mich Bruder gegen Bruder kämpfen? Lieber als das sehen zu müssen, möchte ich den Rat befolgen, den heute mancher unter den Alten aussprach, und freiwillig verzichten, ehe für mich Blut geflossen. So komme ich zu dir, dich zu bitten: laß uns fort! Drunten im Hafen liegt ein Schiff bereit, und der Weg dorthin ist frei!«

Er sprach es mit geängsteten Augen, als sähe er Unheil in greifbarer Gestalt nahen, und als suche er Hilfe bei der Königin. Doch sie erwiderte unsanft: »Von den Schwächlingen im Rate hast du dich überreden lassen und willst bei der ersten Gefahr aufgeben, was zu erreichen doch unser heißester Wunsch war. Die ganze Welt schaut auf unser Wagnis, und du wolltest weichen?«

»Ach, nicht heute im Rate erst sind mir diese Gedanken gekommen,« sprach der König, »nein, schon längst in all den langsam schleichenden Stunden der heißen schlaflosen Nächte habe ich deutlich erkannt, daß wir nimmer hierher hätten kommen sollen. Eine Täuschung war es, ein Wahn! Schau hinab hier in die Tiefe,« fuhr er fort und wies auf die jäh abstürzenden Felsenwände, »wie dieser Garten über der Schlucht hängt, so schweben wir über einem Abgrund, den uns Lügen mühsam verbergen. Oft schrecke ich im Schlummer auf, weil mich Angst würgt und erstickt. Oh, laß uns fort, ehe wir zerschmettert versinken.«

»Auch ich«, sagte die Königin, »kenne die langsam schleichenden Stunden der heißen, schlaflosen Nächte, aber schämen würde ich mich, ließe sich mein Wille durch ihre Schreckbilder beugen und lähmen.«

»Ja, du!« seufzte der König bitter, »du bist anders als andere geartet. Dein Wesen ist so stark, daß diese fremde Welt mit all ihren Gefahren dir nichts anhaben kann. Aber schau,« fuhr er weicher werdend fort, »ich bin hier erlahmt und ermattet. Zuerst, als wir anlangten, kam ich mir so stark vor wie ein Albatros, der sich in einen Schwarm Kolibris verirrt hätte, und ich glaubte, riesengewaltige Flügel zu besitzen. Aber ich habe alle Schwungkraft verloren. Die schwüle Hitze, die tausend Düfte, all das Ungewohnte hat sich bleiern auf mich gelegt. Wünsche und Begierden wachsen in mir, die ich daheim kaum kannte, und mir ist, als versänke ich tiefer und tiefer.«

»Ja,« sagte die Königin kalt, »das wird allerdings von dir berichtet.«

Er aber ließ sich nicht durch ihre harten Worte abschrecken, sondern hub nochmals leise und schmeichelnd an: »Du kannst so vieles, vermagst du nicht auch zu verzeihen und zu vergessen? Glaub mir, in Tropenwäldern tut sich so leicht ein Schritt vom Weg, und ich komm heute zu dir wie ein armer Verirrter, der den Pfad zurück angstvoll sucht. Hilf mir! Laß uns diese Insel des blumenbedeckten Unheils verlassen und anderswo das Leben von neuem beginnen! Laß uns nur noch trachten, als schlichte Menschen miteinander glücklich zu sein. Dazu haben wir ja noch nie Zeit gehabt. Ehrgeiz und tausend Pläne gingen dem immer vor - aber wie nichtig das alles ist, das wenigstens hat uns diese Insel gelehrt.« - Er griff nach ihrer Hand, wollte sie an sich ziehen und das Haupt an ihre Schulter lehnen: »Sag, willst du mit mir gehen, willst du mir helfen?«

In seinen Augen lag ein bestrickender Glanz, als solle sie darin die neue Vision schauen, die er eben jetzt erblickte: die Vision zweier glücklicher Menschen. Nur allzusehr ward sie sich unter seinen Blicken bewußt, wie schmerzlich sie ihn liebte. Aber sie wandte sich von dem Bilde, das er heraufbeschwor, wie von etwas Gefährlichem ab, das sie, leise lockend, der Kräfte beraubte. Angeborene Herbe zwang sie dazu und ein bitteres Gefühl der Demütigung, daß er in dieser Entscheidungsstunde an Flucht und genügsames Alltagsglück zu denken vermochte. - Sie hatte es ja erleben wollen, daß die ganze Welt sich staunend beuge vor dem Werte des Mannes, den sie sich erkoren! Aber bei all dem Trachten und Mühen zu seinem Ruhme hatte die Königin stets vergessen, sich des Mannes selbst zu freuen, den ihr so manche neidete, vergessen, daß es die kurzen Augenblicke der Freude sind, die sich kleinen Perlen gleich, aneinanderreihen, bis sie die Kette des Glückes bilden, die an das Dasein fesselt.

Als er nun nochmals leise sagte: »Laß uns hier nicht länger zaudern, hilf uns beiden,« da dünkte ihr seine Stimme die der Versuchung. Sie sah in eine Welt des Verrats und Genusses, und alles um sie her schien zu wanken, wenn ein König von seinem Platze weichen wollte, wo war da noch auf Halt zu hoffen? Sie tastete ins Leere und fand, was ihr seit Jahren als Stütze gedient: Pflichten, heilige Aufgaben. - Worte das, die oft schon geheimste, ehrgeizige Wünsche gedeckt haben! Doch das wußte sie nicht, glaubte wirklich, daß dies ein Augenblick sei, ihr gesandt, den eigenen Wert daran zu beweisen. Da ward sie hart und kalt, wie es ihre Art war zu scheinen, wo sie brennend heiß wünschte, und auf all sein Flehen antwortete sie nur eisig: »Helfen will ich dir auf die einzige meiner würdige Weise, indem ich weiter hier ausharre, wohin Gottes Gnade mich berief. Du aber zieh hinauf zur Hochebene und stell dich den Rebellen entgegen, denn wo eines Königs Federbusch voranweht, folgen ihm immer noch Tausende. - Und nimmermehr laß mich Worte hören, als hätten wir ein Amt, das sich niederlegen läßt: von Thronen steigt man nicht herab - man stirbt auf ihnen.«

Den König fröstelte, als wehe ihm Schneeluft entgegen, und wie so oft schon dünkte ihn die Königin kein lebendes Wesen, sondern eine Gestalt aus kaltem Stein. Er aber war so müde und sehnte sich nach sanften, tröstenden Worten. - Langsam stieg da vor seinen Augen, lockend und verheißend, ein Bild auf: er sah ein weißes Landhaus am Fuße des Gebirges droben auf der Hochebene, drin wohnte eine Frau, die schönste der Insel, die wonniglich warme, die Frau, die seiner stets harrte mit zärtlich geöffneten Armen und wartenden Lippen, die Frau, die weiche, einschläfernde Worte kannte. - An sie wieder denken zu dürfen, empfand der König schon als Trost, und die Königin selbst hatte es ja nicht anders gewollt!

Er erhob sich: »So gelte wie so oft auch heute dein Wille!« sagte er, »ich ziehe zur Entscheidung auf die Hochebene.«

Er beugte sich nieder, um die Königin zum Abschied zu küssen. Doch da, im Augenblick, als sein Antlitz sich dem ihren näherte, war es ihr, als schöbe sich plötzlich etwas ungreifbar Durchsichtiges und doch unerbittlich Trennendes zwischen sie beide. Zu des Königs Augen aufschauend, fuhr sie zurück, denn wie eine Fata Morgana von flimmernder Luft an den azurnen Himmel gemalt wird, so schienen sich durch seltsamen Zauber des Königs Gedanken aus dem Spiegel seiner blauen Augen zu sichtbarem Bilde verdichtet zu haben; ganz deutlich glaubte die Königin zu erkennen, was eine innere Vision ihm eben jetzt vorzauberte: aus seinen Augen gewahrte sie das Abbild der schönsten Frau der Insel, mit den wartenden Lippen und wonniglich weichen Armen!

Da überkam die Königin große Bitternis; doch es war weniger noch die gekränkte Eifersucht darob, daß der König sie küssen wollte, während er einer anderen gedachte, als daß sie glaubte, er hätte sich entschlossen, nunmehr doch zum Kampf im Lande zu verharren, nicht wegen des Gewichts ihres eigenen Rates, sondern wegen der Nähe der anderen. Daß Donna Miranda über einen Teil des Lebens des Königs herrschte, wußte die Königin, und sie ertrug das, ohne sich selbst einzugestehen, wie sehr sie darunter litt; aber daß diese Frau nun gar auf dem Gebiete, das sie als ihr ureigenstes ansah, die Entscheidung in des Königs Sinn geben sollte, das dünkte die Königin unerträglich. Die äußere Gestalt seines Geschicks war ihr ja, was dem Künstler sein Werk ist. Was sie sonst vor allen verbarg und selbst zu vergessen trachtete, jetzt erinnerte sie sich daran, erinnerte sich, daß sie ihn gemacht hatte! Vom träumenden Schwärmer an heimatlichem, nordischem Gestade war er nur durch sie zum Herrscher dieses Fremdlandes geworden! Sie hatte für ihn gestrebt, ehrgeizig geplant, Freunde erworben und seine eigene Phantasie für die glänzende Aufgabe geweckt. - Früh schon hatte sie ja in ihm den Schwachen erkannt, seine rasche Begeisterung, sein schnelles Erlahmen. Aber nicht zu jenen Frauen gehörend, die es vermögen, sich, einer Mutter gleich, mit Erbarmen über einen Schwächeren zu neigen und ihn zu lieben, wie er eben ist, hatte sie den König stets weiter getrieben und angestachelt. Auf daß ihre Kräfte ausreichten, wo seine versagten, hatte sie in sich selbst hartes Wollen und zähes Ausharren groß gezogen. So hatte hinter all seinen Handlungen stets ihr reger Wille gestanden. - Doch nun in dieser schicksalsschweren Stunde mußte sie es erleben, daß er sich nicht auf ihre Kraft stützte, daß nicht ihr Rat entschied, sondern daß das einer Vision gleich in ihm aufsteigende Bild einer anderen den Ausschlag gab! Sein Entscheid entsprach zwar ihrem eigenen leidenschaftlich geäußerten Wunsche, aber die Frage selbst dünkte sie jetzt plötzlich gleichgültig neben der Kränkung, die Erreichung ihres Zieles dem Zauber dieser Tropentochter zu verdanken. Sie bedauerte nun beinah, daß sie, statt zum Verweilen, nicht zum Entweichen geraten hatte, um erproben zu können, ob ihr Einfluß entscheiden oder die lockende Nähe der andern siegen solle.

Mühsam ihre widerstreitenden Gefühle verbergend, senkte die Königin das Haupt, während der König sich niederbeugte und seine Lippen ihr goldenes Haar zum Abschied berührten.

In diesem Augenblick aber fuhr ein Windstoß mit weithin hallender Klage durch die schwüle, träge Luft und schüttelte rauschend die Zweige der alten Stämme - und von den Mangobäumen fielen, einem Regen gleich, die kleinen Blüten auf die Königin herab. Da entsann sie sich der Sage von Tuspa und Malintzin, und sie glaubte wieder die Worte zu hören: »Wenn zwei unter blühenden Mangobäumen weilen, wird, der den andern zuerst geküßt, auch vor ihm in das Todesreich schreiten.« - Es erfaßte sie plötzlich eine namenlose Angst; sie wollte aufspringen, dem König nacheilen, ihn festhalten, ihn rufen und sie vermochte doch nicht sich zu rühren, nicht die Lippen zu bewegen.

Als der Wind nun durch die Zweige rauschte und die Blüten auf sie herabstreute, war es, als wehe er mit ihnen der Königin neue Gedanken zu, die sie früher nie gedacht. Sie fühlte sich beklommen von dem, was sich auf sie herabsenkte. Mit der Hand strich sie über ihr Gewand, um die vielen Blümchen wegzustreifen, aber immer neue rieselten auf sie herab, bis sie es schließlich aufgab und regungslos sitzen blieb in dem duftenden Regen. Und mit den Gedanken ging es wie mit den Blumen; sie suchte gegen sie anzukämpfen, aber sie ließen sich nicht fortscheuchen die Königin mußte auch ihre Flut über sich ergehen lassen.

Aus dem Abgrund, über dem jetzt abendlicher Dunst lagerte, stiegen einzelne große Vögel auf. Sie hoben sich lautlos, hingen mit weitausgestreckten Schwingen einige Augenblicke in der Luft und tauchten dann wieder unter in das Gewirr der Äste und Lianen. Und so wie die dunklen Vögel aus dem Abgrund, stiegen aus der Königin Herz bange Fragen empor, standen wie dräuende Schatten vor ihr und versanken dann in der Tiefe, um andere erstehen zu lassen.

Den Zweifel hatte die Königin bisher nicht gekannt, denn es war ihr von klein auf gelehrt worden, sich vom Zweifel als von etwas Verderbenbringendem abzuwenden; es war ihr nie gesagt worden, daß es stets der Zweifel gewesen ist, der zu fortschreitender Erkenntnis geführt hat. Nun stand er aber unabweislich vor ihr und war der Führer all der sie bedrängenden Fragen. Und vor allen anderen stand da die eine: Was sie als von Gott gegebene Pflicht und Mission angesehen, würde es nicht vielleicht dereinst nur als selbstgewähltes Abenteuer gelten? -

Für die Alltagstaten der Kleinen gibt es ein Gut und Böse; aber die Unternehmungen der Größten der Erde bleiben namenlos, bis Erfolg oder Mißerfolg über sie entschieden. Dann werden sie je nach ihrem Ausgang gepriesen oder verdammt. Große dürfen nicht unterliegen - das ist der Fluch derer, die sich über das Maß des Feststehenden erheben.

Und zum erstenmal empfand die Königin die Angst vor dem Unterliegen.

Aber woran lag es, wenn sie in dem Beginnen, an das sie all ihre Kräfte und Wünsche gesetzt, geschlagen wurde?

Sie kannte all die Einwände äußerlicher Natur, die gegen ihr Unterfangen erhoben werden konnten; unheimlicher als je früher erschienen ihr diese Gefahren. Aber eine Stimme in ihrem Innern sagte ihr doch, daß es nicht die äußeren Hindernisse seien, an denen sie untergehen würde, daß sie nur den Anlaß und nicht den tiefinnersten Grund bildeten. Sie erkannte, daß es keine Schwierigkeiten gibt, für die sich nicht auch Persönlichkeiten finden ließen, sie zu überwinden. Aber wie war die Persönlichkeit, die hier den Schwierigkeiten gegenüber stand? - - Ein leicht zu entflammender Schwärmer, der durch Worte und Visionen in eine Lage gebracht worden, der er nicht gewachsen war. Die Königin hatte früher immer gedacht: nur erst die Lage schaffen, dann würden sich auch bei dem König von selbst die nötigen Eigenschaften einstellen, - sie dachte das von allen Menschen, besonders aber von Königen, - und sie selbst wollte ihm ein unversiegbarer Born der Kräfte sein, drin er stets sollte schöpfen können. Jetzt erkannte sie, daß sie der Natur selbst zuwider gedacht und geplant hatte; denn es vermag wohl eine Frau, von der Kraft eines Mannes getragen, sich zeitweilig über sich selbst zu erheben, aber umgekehrt ist das unmöglich. Die Flamme der Inspiration kann die Frau wohl entfachen, aber den frohen Willen zur Tat, die Kraft und stetige Ausdauer muß der Mann zum Werke mitbringen. -

Über ihr eigenes Wesen begann sie nachzusinnen, wie sie so im Blütenregen des Abendwindes saß: was war es eigentlich, das diese rastlose Sehnsucht nach Taten in ihr gezeitigt hatte? Was war sie selbst? War sie die Wiedererstehung einer jener sagenhaften Königinnen, die einst im uralten Indien ihre Heerscharen selbst in den Kampf geführt haben? Oder war sie vielmehr eine verfrühte Erscheinungsform der künftigen Frau? -

Harrend und bangend saß die Königin noch manchesmal im versiegenden Tageslicht auf der Steinbank im Garten. Regungslos starrte sie hinab in den Abgrund, wo Abendnebel wogten, als erschaue sie dort unten etwas Grauenhaftes, das nichts mehr abwenden konnte. - Schweigsam und scheu nur nahten sich ihr die schwarzäugigen Marien.

Da, eines Tages, noch ehe die Mangoblüten alle verwelkt waren, ging plötzlich schaurige Kunde durch aller Mund; und nun kamen auch schon, entwaffnet und ermattet, die ersten Flüchtlinge. Die erzählten: des Königs Heer gesprengt und geschlagen, der König selbst, zu Tode verwundet, von seinen letzten Getreuen aus der Schlacht herausgetragen zu einem weißen Landhaus am Fuße des Gebirges; dort sei er aufgenommen worden von der Herrin des Hauses, die ganz allein da weilte, während all ihr Gesinde aus Angst vor der Schlacht in die Berge geflohen war; die einsame Frau habe über des sterbenden Königs Todesnot gewacht.

Das war das letzte, was die Königin je mit klarem Bewußtsein vernahm. Es brachen daran ihre stolze Kraft und ihr eherner Wille. Sie verstand nichts mehr - es war nur noch wie ein dumpfes Empfinden, als ob sie aus dem Garten in den Abgrund sänke, tiefer, immer tiefer hinab. - Sie hatte nicht mehr gehört, daß die Flüchtlinge das Nahen von Verfolgern meldeten, die sich der Königin bemächtigen wollten; sie erfuhr nie, wie einige letzte Anhänger sie an die Küste hinab und auf ein Schiff gebracht hatten - dasselbe Schiff, auf dem sie einst mit dem König vom nordischen Heimatsgestade ausgefahren war zu der Insel des blumenverdeckten Verderbens. Mit schwarzem Wimpel segelte es nun zurück über den Ozean und trug die vertriebene Königin heim in ihr einsames Schloß an öder Felsenküste. Sie aber ahnte nichts von Reise und Heimkehr, war tot und konnte doch nicht sterben. Der Geist, auf den sie sich stolz verlassen, war dahin, als sei er nie gewesen; doch der Leib, den sie stets gering geachtet, der bestand weiter, klammerte sich ans Leben und wollte nicht davon lassen.

Seitdem sind viele Jahre an der Königin vorbeigeschlichen. Die Laute der Welt tönen nicht mehr zu ihr. Still ist es hinter den vergitterten Fenstern in dem düstern Schloß. Und niemand kommt, und keiner fragt nach ihr.

Aber die letzten schwachen Wellen des großen heißen Meeresstromes, der den kalten Ozean seit Äonen durchquert, die dringen auch bis zu der fernen rauhen Küste, wo sich in Klippeneinsamkeit das Schloß der entthronten Königin erhebt. Und wenn dort oben im Norden die langen hellen Tage leuchten und auf den Felsen die Moose grünen, dann ist es zuweilen, als trügen jene warme Wellen einen schwachen Duft von ferne her mit sich ans Land - wie einen Gruß von keimüberfüllter Erde, von schillernden Blumen, die in schwüler Luft an schmiegsamen Lianen schwingen. An solchen Sommertagen mag es geschehen, daß in der Königin umnachtetes Gemüt ein Schimmer schwachen Lichts gleitet. Durch die blassen Nebelschleier, die vor ihr über Abgrundtiefen lagern, geht ein Wehen und Wogen, und es steigen verschwommene Umrisse empor, wie matter Abglanz von längst Geschautem. Die Königin streckt sehnsüchtig die Hände aus nach den dämmernden Bildern, die vor ihr auftauchen, und die so schnell im Dunst verwehen - eben noch wähnte sie Blumen zu sehen - viele, viele Blumen und einen fernen Garten - wo einst die Mangobäume blühten ...

War das je Wirklichkeit? ... Hat sie es alles nur geträumt? ...

Im Tempel zu den späten Glückseligkeiten

Man kannte sie auf vielen Schiffen. Überall war sie gewesen, hatte die längsten Bahnlinien befahren, die höchsten Berge bestiegen, die fernsten Länder und Meere durchkreuzt. Nirgends verweilte sie lange, obschon sie die Müdigkeit vieler Wanderjahre gleich einer schweren Gewandung nach sich schleifte. Sie gehörte zu denen, die geheime Macht immer von neuem ausscheucht und hinaustreibt in die Welt, zu den Rast- und Ruhelosen, die da ewig etwas zu suchen und nirgends ihr Ziel zu finden scheinen.

So kam sie auch einst im Frühherbst nach Peking. Und bald ritt sie dann aus der grauen, unter schwülem Dunst erstickenden Stadt hinaus zu den nahen Bergen. Dort liegen buddhistische Tempel und Klöster, wo viele europäische Bewohner Pekings die heiße Jahreszeit verbringen. Von einer Freundin geladen, die auch in einem der Tempel lebte, wollte sie diese ein paar Tage besuchen.

Durch die brütend heiße Ebene, über der die Ausdünstungen der großen Sommerregen drückend lagen, führte der Weg zu einem Dorf, das festungsartig von hohen Mauern umgeben war. Alles atmete da Verfall, doch aus dem Verkommenen erwuchs Neues in uralter, gleichtöniger Wiederholung. Aus dem morschen, berstenden Gemäuer drängten sich Buschwerk und blühende Gräser zum Leben hervor ans Licht; in dem Unrat am Boden wühlten kleine schwarze Ferkel, pickten und scharrten Enten und Hühner, Nahrung suchend. Die Reisende ritt durch die morastige Dorfstraße, begegnete buddhistischen Mönchen mit glattrasierten Schädeln und alten Männern, die ihre Lieblingsvögel in kleinen Käfigen mit sich spazieren trugen. Drollige Kindergestalten, auf deren Köpfen die noch kurzen Haare zu mehreren starr abstehenden Zöpfchen geflochten waren, umstanden einen alten, blinden, fahrenden Sänger; mit mageren, gelben Fingern griff er in die Saiten einer

Gitarre; schrill zirpende Töne begleiteten sein einförmig klagendes Lied.

»Auch ein Wanderer auf der weiten Welt«, dachte wehmütig die Vielgereiste, die ihr Pferd angehalten und dem seltsamen Sang ein Weilchen gelauscht hatte. Dann warf sie dem Alten eine Münze zu, ritt weiter zum Tore hinaus und schlug den Pfad ein, auf dem der Mafu, der chinesische Reitknecht, schon voraustrabte.

Seitwärts von der Landstraße abbiegend, führte er sie zwischen Feldern hohen Kauliangs den Bergen zu. Die Töne der Gitarre waren verhallt in der Ferne. Es ward still um die Reiterin her. Unter hohen alten Bäumen standen graue Steinstelen am Wegesrand; Reihen kleiner verwitterter Pagoden, von Unkraut überwuchert, bezeichneten die Gräber früherer Mönche. Heiliger Boden war es. Von den Bergen herab kam ein kleiner Quell der Wanderin bewillkommend entgegengerieselt, und wo er in die Erde gesickert, war sie grün geworden von zarten Farren und bunt von zahllosen wilden Blumen.

Nun erblickte die Reisende die unteren Umfriedungsmauern des weiten Tempelgebietes. Dahinter, zwischen dunkeln Baumkronen, funkelten goldgelb, saphirblau und malachitgrün die Kacheldächer der Türme und Hallen, der Tore und Klöster. Höher und höher ansteigend, erhoben sie sich längs des dichtbewaldeten Abhangs, leiteten den Blick hinauf zu des Berges Spitze. Dort thronte, einer Perlenkrone gleich, eine schneeweiße Pagode, schimmernd gegen den türkisfarbenen Himmel.

Eines Zauberers Gaukelspiel dünkte dies Bild die fremde Frau, nach der langen Reise, dem Lärm der Stadt, der Hitze der Ebene.

Wonniglich still war es.

Der Mafu war abgestiegen, hatte die Zügel seines Pferdes um den Hals einer der riesigen Steinschildkröten geschlungen, die unter knorrigen Bäumen zu beiden Seiten des Eingangstores seit Jahrhunderten Wache stehen. Nun half er der Reisenden, die sich aus dem Sattel herabgleiten ließ.

Da kam ihr auch schon die Freundin aus dem Tempelgelände entgegen. »Sei mir willkommen im Tempel zu den späten Glückseligkeiten«, sprach sie mit leiser, süßer Stimme. Und dann schauten die beiden sich einen Augenblick fragend an, wie es Menschen tun, die sich lang nicht gesehen und nun unsicher sind, wie sie sich wiederfinden, und ob sie dieselben geblieben. Doch als ganz die gleiche, die sie vor Jahren gekannt, erschien der Tempelbewohnerin die Vielgereiste mit den düster umschatteten Augen, den starren tragischen Zügen, aus denen ihr Alter schwer zu bestimmen gewesen wäre. Verändert dagegen war die Tempelbewohnerin selbst: Witwenschleier umhüllte sie, wehe Trauer sprach aus ihrem sanften, stillen Antlitz.

Die hohe Treppe zu den oberen Tempelbauten schritten die beiden Frauen nun hinan. Auf der obersten Stufe blieb die Weltenwanderin stehen, lehnte an der bemoosten Steinbrüstung und schaute hinein in das sie umgebende Gewirr von Zweigen. Auf tief grünem Grunde leuchteten die ersten herbstlich gefärbten Blätter gleich Bernstein und Kupfer. Am weitausgeschweiften Kacheldache eines verwitterten Turmes tönten leis im Winde die kleinen Pagodenglöckchen: »tingting, tingting.«

»Märchenluft weht hier«, sagte die Fremde, und von dem Dache her, wo sie zwischen den zerbröckelnden Kacheln unter allerhand Gerank ihre Nester erbaut hatten, antworteten ihr girrend die wilden Tauben: »rukuru, rukuru.«

An einer dunkeln Felsengrotte vorbei leitete sie nun die Gastgeberin. Aus der geheimnisvollen Tiefe tauchten die ungeheuerlichen

Umrisse eines Götzenbildes auf: einen feisten, grinsenden Alten stellte es dar, der mit quellendem Bauch auf berstenden Säcken thronte. »Der Gott des Reichtums«, erklärte die Führende.

Herb lächelnd meinte die Vielgereiste: »Wer den gleich zu Anfang als erste Gottheit kürt, erspart sich wohl manchen Umweg.«

»Vielleicht«, antwortete drauf die Witwe, »ist er hier nur deshalb gleich als erster aufgestellt, weil erst durch ihn die nötige Muße für so manches Höhere zu erlangen ist; - eine schönste Gabe, dünkt mich, genügendes Freisein von materieller Sorge, um ganz im Erinnern leben zu dürfen.«

»Oder um vor ihm fliehen zu können«, sagte die andere.

Zwischen rauschenden Baumeswipfeln stiegen sie aufwärts zu den Tempelhallen. Die einen enthielten in tausendfacher Wiederholung ein und dieselbe kleine Buddhafigur; in anderen waren die Qualen der Hölle mit chinesischer Erfindungsgabe fratzenhaft dargestellt. Dazwischen lagen stille Klosterhöfe. Weißstämmige Baumriesen erhoben sich da gespenstisch, reckten ihre Äste weit aus, wie Glieder bleicher Knochengerippe; die mächtigen Wurzeln wanden sich durch die Pflasterung, hatten die Fliesen gehoben, traten dazwischen hervor wie geblähte Leiber von Pythonen. Und bemooste Steinstelen standen im Schatten der Bäume, neben uralten Opfergeräten, deren dunkle Bronze Patina mit fahlgrünen Flecken bezog. - Umgeben waren die Höfe von niederen, einstöckigen Häuserreihen, die sich unter ihren hohen grauen Dächern zu ducken schienen. Sie enthielten die Mönchsklausen.

»Und wo wohnst du?« fragte die Fremde.

»Immer in demselben obersten Klosterhof, den er bei unserer Heirat von dem Abte gemietet hatte«, antwortete die Freundin. »Trotz der Statue nämlich, die dem Gott des Reichtums hier errichtet worden, hat er das Kloster verarmen lassen, und so schicken sich die Mönche darein, auch weiter das Geld einer Fremden anzunehmen, und haben mir gestattet zu bleiben. - Hier kommen wir in mein Wohnzimmer,« sagte sie dann, indem sie die hohen Türen einer großen Halle öffnete.

Es war ein weiter, dämmeriger Raum. Die Decke, mit Drachen verziert und von Querbalken durchzogen, auf mächtigen roten Säulen ruhend. Die Wände bemalt mit phantastischen Gebilden, spukhaft im Zwielicht, altersgebleicht, die Umrisse verschwimmend. Davor, und aus erhöhter Estrade weit in den Saal springend, alles überragend und jetzt, durch die geöffnete Tür, allein von Sonnenlicht überflutet: eine ungeheuerliche Gestalt - Ein meergrün bemalter chinesischer Krieger in Helm und Rüstung. Rollend die Augen, breitaufgerissen das Maul. Tiefe Furchen im verzerrten Antlitz. In der einen erhobenen Hand ein langes Schwert. Weitausholend zückte er es gegen eine riesige Fledermaus, die, von der Wand in hohem Relief abstehend, auf ihn zuzufliegen schien. Lang verhaltener Schmerz und Grimm, die sich endlich gegen einen Tiefgehaßten austoben dürfen - das der Ausdruck der ganzen Gestalt

»Man glaubt ihn vor böser Freude über sein Vernichtungswerk brüllen zu hören,« sagte die Fremde und setzte dann hinzu: »Auf meinen Reisen habe ich manch seltsame Behausung gesehen, in der es weißen Menschen gelungen war, sich heimisch einzurichten, aber ein absonderlicheres Gemach als dieses besitzt wohl keine europäische Frau.«

Sie hatten sich in niedere Rohrsessel gesetzt, und während ein chinesischer Diener den Tee brachte, lautlos auf dicken Filzsohlen schreitend, erzählte die Wirtin: »Es war sehr schwer, in diese Halle zu dringen, denn sie gehört zu den eigentlichen Tempelräumen, und bei unserer Abmachung mit den Mönchen waren nur einige ihrer Zellen erwähnt worden. Aber nachdem wir dann zufällig hier einmal eingetreten waren, lockte gerade diese Halle ihn so sehr, daß ich mir vornahm, sie irgendwie für ihn zu erobern. Zuerst stahl ich mich ganz schüchtern herein, brachte den Götzen Blumen, stellte Vasen vor ihnen auf; und die Mönche ließen mich gewähren, sahen vielleicht eine angehende Konvertitin in mir. Täglich schmuggelte ich dann neue Dinge, deren man zum Leben bedarf, hier ein. Und so erwarb ich uns allmählich das stillschweigend anerkannte Recht, in dieser Halle die Tage zu verbringen.«

Es sah wirklich wohnlich aus in dem merkwürdigen Saale: Wandschirme, auf deren Goldgrund Drachen und Phönixe spielten, teilten ihn ab in behagliche Ecken; Liegestühle mit bunten weichen Kissen luden zu ruhigem Verweilen; und bequem zur Hand lagen auf Tischen viele Bücher und die neuesten, freilich recht alten Zeitungen westlicher Welt. Alles aber beherrschte, dräuend und furchtbar, der unheimliche fahlgrüne Krieger Wie Weihgaben, ihn zu besänftigen, standen vor ihm in Bronzebecken bizarr verschnörkelte Pinienäste, Zweige feurig-roter Herbstblätter; und auf verblaßtem Teppich zu seinen Füßen saßen zwei seidenhaarige Pekinger Hunde, fett und kurzatmig, mit plattgedrückten schwarzen Nasen und runden vorquellenden Augen - selbst feierlich fetischhaft, selbst Götzen gleich.

Die Blicke der Reisenden glitten über all das seltsam Fremde hin, aber dann blieben sie plötzlich wie gebannt an einem Punkte haften: auf dem Schreibtisch der Freundin ein Männerbildnis. Die Witwe bemerkte den Blick, und, als ob jene gefragt - die doch nicht zu fragen brauchte - antwortete sie wehmütig nickend: »Ja - - er. - Und sie fühlte, daß Persönlichstes, alles wovon die andere nur aus ihren flüchtigen Briefen wußte, doch einmal berührt werden mußte - so bitter weh es auch immer noch tat. Viel war ja geschehen, seitdem sie sich vor Jahren zuletzt gesehen - Auch in China war das gewesen, in einer kleinen Küstenstadt, wo sie selbst damals bei Landsleuten eine Stellung bekleidete. Da war die Freundin, auf einer ihrer Weltreisen, damals aufgetaucht - aber nur um nach kurzem

Verweilen ganz plötzlich, beinah fluchtartig, wieder zu entschwinden. - Jetzt erinnerte sie sie daran, und die Wanderin nickte wie im Traume, den Blick immer noch auf das Bildnis gewandt. - Des Tages, an dem die Freundin damals abgereist war, entsann sich die Tempelbewohnerin, trotz der Jahre, noch ganz genau, denn es war ja zugleich der eine unvergeßliche Tag des Lebens, an dem Jener, um den sie heute Trauer trug, in ihr Dasein getreten war Von einer Forschungsfahrt ins Innere zurückkehrend, traf er damals in der kleinen chinesischen Hafenstadt ein, und bei ihren Landsleuten, mit denen er befreundet gewesen, hatte sie ihn damals gleich kennen gelernt. Und sobald sie ihn erblickt, hatte sie gewußt: für diesen Augenblick ward ich einst geboren, auf ihn hab' ich unbewußt mein ganzes bisheriges Leben lang gewartet. »Anfänglich tat es mir leid, daß er dich, wegen deiner raschen Abreise, damals nicht mehr gesehen,« sagte sie jetzt zur Freundin, »aber«, und ihre Stimme ward leiser, »nachher ... weißt du ... da war es mir sogar lieb: denn wie hätte er, oder irgend jemand, mich wohl neben dir beachten sollen? Und das erleben zu müssen ... und gerade durch dich ... ich hätt' es nicht ertragen.«

Bleich, wie aus Stein gemeißelt, hatte die Fremde gelauscht, und nun sagte sie mit seltsam gezwungenem Lächeln: »Das, Liebste, war wohl ein recht überflüssig Sorgen. Nach allem, was ich von ihm ... erfahren, war er doch jemand, der rasch und genau erkannte, wessen Art zu ihm taugte. Hat es ja auch bewiesen, da er dich sofort gewählt. - Aber nun«, bat sie begierig, »erzähl' mir weiter«

Und mit leisen Worten berichtete die Trauernde, wie er und sie, beide einsam, beide nicht mehr jung, sich dann in dem fremden Lande schnell näher getreten waren und wie sie vereint ein spätes Glück gefunden hatten. Aber nur wenige Jahre des Zusammenseins wurden ihnen beschieden. Dann war er gestorben. Doch sie hatte sich nicht von dem Orte trennen können, der die hohe Zeit ihres Lebens gesehen, führte hier seitdem ein stilles, weltvergessendes Dasein. »In diesem Tempel,« sagte sie, »wo ich das Glück gekannt, habe ich, nachdem ich es verloren, wenigstens seine bescheidene Schwester, die Ruhe, gefunden.« - Doch dann, als habe sie zu viel von sich selbst geredet, frug sie nun ihrerseits voll warmer Anteilnahme: »Aber du selbst? Wie ist es dir ergangen, seit du damals gar so plötzlich weiter fuhrst? Ich weiß eigentlich so wenig nur von dir.«

Der andern Antlitz verdüsterte sich. Tragischer noch die Züge. Finstrer starrend die Augen. Und ausweichend antwortete sie: »Von mir? Was soll da viel zu wissen sein. Immer dasselbe: Reisen, Reisen.«

Es war kühler geworden. Abendwind wehte. Die beiden Frauen traten hinaus auf die Galerie vor der Halle. Von da sah man über die Baumeswipfel und die bunten Dächer der niedriger gelegenen Tempelbauten hinweg und hinab auf die weite Ebene tief unten. Am fernen Horizonte standen grau und verschwommen die Umrisse der Pekinger Mauern und Türme. Man sah sie nicht deutlich; es war mehr ein Ahnen, daß dort eine große Stadt mit ihren vielen Leiden liegen müsse.

Ein seltsam weltentrücktes Empfinden überkam die Fremde, und in der Stille hörte sie wieder der wilden Tauben Girren: »rukuru, rukuru.« Sie lehnte sich über die Brüstung und lauschte ihnen; dann sagte sie leise: »Mir ist, als riefen sie mir zu: ›ruhe du, ruh, ruhe auch du.‹ Ach, wenn ich es doch könnte« -

Es war dann aber, als solle die Rastlose doch in dem Tempel etwas Ruhe finden. Sie blieb länger, als sie zuerst gedacht, und teilte der Trauernden träumerisch einsames Leben. Stundenlang saßen sie an dem kleinen Teiche, den der Gebirgsquell bildete; federnde Bambuszweige hingen darüber; große Goldfische mit seltsam gezackten Flossen lagen träge im Wasser, starrten zu ihnen aus glasigen Glotzaugen auf. Zusammen stiegen sie empor zur weißen Pagode, erblickten von dort oben Reihen auf Reihen langgestreckter

Gebirgszüge, die, Wellenlinien gleich, in die Unendlichkeit zu fluten schienen. Zusammen auch standen sie in der heiligsten der Hallen, wo die drei Buddhas, der Vergangenheit, Gegenwart und Zukunft, thronen, ganz gleich, ein und dasselbe alle drei. Und zu ihnen aufschwellend das Murmeln der Mönche, uralte Gebetsworte in eintöniger Wiederholung, wie das einschläfernde Vorbeirauschen eines Stromes. Ein Ahnen der Bedeutungslosigkeit aller Erscheinungsformen - weil nie endgültig - stieg von dem allen auf, lag über dem ganzen Tempelgelände wie geistige Atmosphäre gebreitet. Pflanzen, Tiere, Berge oder auch Menschen mit ihren Leiden und Freuden, was waren sie denn mehr als solch ein Wort, das der Priester spricht, das eine Sekunde tönt und alsobald verhallt. Scheinbar, als sei es nie gewesen. Und doch - vielleicht - wie alles übrige, wie Kleinstes und Größtes, wie jede Schuld und alle Sühne, auch Teil eines ungeheuren, noch unbegriffenen Planes, auch Ergebnis eines unabänderlichen Gesetzeswalten, vor dem es kein Entrinnen, nur stilles Sichfügen, Sichwandelnlassen gibt. - Wer vermochte es zu sagen -

Eine Wirkung aber hatte solch Oftgedachtes, das in der Luft des Ortes zu schweben schien: Unrast sacht einwiegend, Auflehnung sanft betäubend, Schmerz unmerklich mildernd - so umwob die Fremde leise des Ostens geheimnisvoller Zauber. Und es freute sich dessen die Tempelbewohnerin, hielt die Gehetzte schon für erlöst von langem, schwerem Banne.

Doch dann plötzlich ward jene von neuer Ruhelosigkeit erfaßt. Es war, als wolle sie bleiben und würde doch von unversöhnlicher Macht weitergejagt. Die Bitten der Freundin nützten nicht, schienen sie nur zu schmerzen.

So war der letzte Tag, den die Reisende verweilen wollte, gekommen. Noch einmal hatten die beiden Frauen zusammen die heiligen Haine durchstreift. Nun waren sie zurückgekehrt, mit Herbstblumen und roten Ranken beladen. In der Halle ordnete die

Tempelbewohnerin die großen Sträuße. Die Weitgewanderte lehnte müde in einem Sessel und schaute zu, wie die Freundin die schönsten der Blumen in einer hohen Vase vor den grimmigen Krieger mit der Fledermaus stellte.

»Unter all dem Spuk scheinst du diesen zu bevorzugen,« sagte die Reisende, »und er schaut doch so grausam drein und vergeudet so viel Kraft gegen eine arme Fledermaus.«

»Er tut mir immer so leid«, sagte die Freundin.

»So leid?« wiederholte staunend die Fremde, »ja, hat denn das seltsame Bildwerk einen verborgenen Sinn? Ich wollte dich längst schon danach fragen. Heut an meinem letzten Abend bei dir mußt du mir davon erzählen.«

Die Tempelbewohnerin antwortete: »Der Krieger ist der Held einer chinesischen Sage, die mir immer recht traurig und eigentlich unbegreiflich erschienen ist. Nach ihr soll dieser Tempel wahrscheinlich seinen Namen ›zu den späten Glückseligkeiten‹ erhalten haben. Der Krieger, so ward mir erzählt, zog aus und kämpfte sein ganzes Lebenlang, um das Glück zu gewinnen, aber er konnte es nie finden. Da endlich, nach langer, langer Zeit kam es zu ihm geflogen in Gestalt einer Fledermaus, die ja das chinesische Glückssymbol ist. Aber allzu grausame Wunden trug er vom Leben - zu spät war das Glück gekommen - Darob geriet der Krieger in so große Wut, daß er ein letztes Mal sein Schwert zog und die Fledermaus tötete. - - Nicht wahr, das klingt doch recht unverständlich?«

»Das finde ich nicht,« antwortete die Fremde mit seltsam gequältem Ausdruck, »denn es kann doch geschehen, daß das Glück wirklich zu spät kommt.«

»Aber auch kurzes Glück ist doch nicht zu spätes«, entgegnete die Verwitwete. »Mir will scheinen, wann immer es zu uns käme, ob wir es am Morgen des Lebens in der Heimat fänden, ob es uns abends in der Fremde begegnete, und wenn wir es auch nur eine einzige kurze Stunde besitzen könnten - immer doch würden wir ihm in Dankbarkeit die Hände entgegenstrecken und es willkommen heißen.«

Die Trauernde schwieg. Aus einer fernen Tempelhalle erschollen dumpf die ersten gleichmäßigen Schläge der großen Tempelglocke, die Stunde des Abendkultes kündend.

Aber die Frau mit den tragischen Zügen starrte aus düster umschatteten Augen in die Ferne und leise wiederholte sie: »Dem Glück in Dankbarkeit die Hände entgegenstrecken und es willkommen heißen? ... Ach, wie hab' ich mich einst gesehnt, das auch einmal zu tun ... Aber dann ... dann ... ja, wie konnte es nur geschehen, daß ich es nicht mehr durfte? Wie war es denn möglich?«

Laut hinhallend dröhnte jetzt die Tempelglocke, und es klang wie Klage und Anklage vereint. Einer Seherin gleich, vor der eine Vision aufsteigt, beugte die fremde Frau sich vor, ins Leere blickend. Und langsam begann sie zu sprechen, suchend, als besänne sie sich erst allmählich auf eine alte Mär, als sei die ganze Welt um sie her versunken, und sie rede allein zu sich selbst.

»Geschmückt hatt' ich mein kleines Haus mit vielen Frühlingszweigen, geschmückt mich selbst mit Blumen im Haar. Das Herz voll Hoffnung und Zuversicht, so harrte ich froh auf den Gast, der mir der sicherste dünkte: das Glück. Und niemand sollte drum Leides geschehen, so fröhlich wie ich wollt' ich gern jeden sehen. Denn ich wähnte, die Welt gliche dem Blumenfeld, drauf Blüten für alle sprießen. Doch während ich so nach dem Glück ausschaute und ihm im Herzen manch' Ehrenpforte erbaute, da kam in das Haus ein ganz anderer Gast geschlichen. Es war der Neid, der sich an mich stahl, nicht weil ich Glück schon errungen, nur weil ich so froh ihm entgegen gesungen. Dann sah ich staunend, wie Gast auf Gast in grauer Reihe folgte. Mit bittrem Lächeln um den herben Mund eröffnet den Zug eine Alte: die Enttäuschung wurde sie genannt, und wo ihr Blick eine Blume traf, erblichen alle Farben. Dann kam der nagende Kummer mit langem Zahn, das Warten und der täuschende Wahn. Daneben eine schlotternd magere Frau, umgeben von weinenden Kindern: die Sorge war es mit ihrer Brut, den zahllosen, schlaflosen Nächten. Oh, wie mich die gepeinigt haben Wie mich alle mit Grauen erfüllten - Aber im Herzen wohnte ja noch die Sehnsucht, die große, und sie sang vom Glück, das sicher bald zu mir käme. - Doch statt des Glücks kroch eine Schlange heran, die giftzüngige Verleumdung. Eine Schar scheußlicher Zwerge führte sie an, die Lügen, die schossen auf mich mit spitzigen Pfeilen. Wie ich da verwundet zusammensank und schluchzend zum Glücke flehte: ›eil' dich, eil' dich und laß mich nicht elend verschmachten‹ - da nahte sich mir der Ungeheuer schlimmstes: es war die Schuld, der Menschheit urältester Schatten.

Was keinem gelungen, das vermochte die Schuld: sie warf mich geknechtet zu Boden. Und unter ihrem eisernen Griff erstarb die Sehnsucht, die große, die bis dahin auf Schwingen mich getragen. - Als erst die Schuld im Haus gewohnt, folgten ihr zwei emsig webende Spinnen; die spannen Netze so dicht und so grau, daß sie mein ganzes Leben bedeckten. Die Spinnen waren beide Töchter der Schuld: Vereinsamung hießen sie und Verurteiltsein.

Wie lang die Zeit währte, die also verstrich - ich weiß es nicht mehr, denn das tagezählende Hoffen war in mir erloschen. - Da plötzlich eines Morgens pocht' es laut bei mir an; das Tor sprang auf an rostigen Angeln; die düstern Gäste entflohen. Das ganze Haus von Glanz durchstrahlt und inmitten des Scheins eine lichte Gestalt Sie hielt die Hand mir entgegen und sprach mit jauchzender Stimme: ›Ich bin das Glück, das deine Sehnsucht rief, ich komme, dich mit mir zu führen.‹

Ich aber schaute das Glück mit leeren Augen an.

Seine Worte hatten keinen Sinn mehr für mich. Sie klangen wie Hohn in meinem Jammer. ›Heb' dich hinweg,‹ schrie ich auf, ›du kommst zu spät - nicht rein mehr sind meine Hände.‹ - Wie der sagenhafte Krieger dort wollt' ich den säumigen Gast verscheuchen, als ob ich ihn haßte - und im tiefsten Herzen hoffte ich doch -ach wie sehr -, daß er trotz allem nicht von mir lassen würde.

Und wirklich - einen Augenblick blieb er zaudernd stehen: Sollte sich Sehnsucht doch noch erfüllen? Schon wollt' ich ihm weinend zu Füßen stürzen - da wandt' er sich ab.

Das Glück floh mich für immer.«

Die Fremde schwieg. Lautlos still war es in der dämmrigen Halle. Die ferne Tempelglocke war verstummt. Draußen rührte sich kein Blatt an der Bäume Wipfel, die Pagodenglöckchen hingen unbeweglich, die wilden Tauben gurrten nicht mehr.

Doch durch das tiefe Schweigen klang nun die Stimme der anderen Frau: »Wie ist das nur möglich? Ich kann es nicht fassen, daß je einer von dir zu gehen vermochte, der gefühlt, daß du sein Bleiben ersehntest. Wer war es? Willst du's mir nicht anvertrauen?«

Der Fragenden im Zwielicht verborgen, ging da plötzlich ein Zucken über die Züge der Fremden, und in ihren Augen lohte es unheimlich auf. Doch wie rasch ersticktes Züngeln drohenden Brandes versank alsobald die gefährliche Flamme. Mit erloschenem Blick hinstarrend, wo das Bildnis auf dem Schreibtisch der Freundin im zunehmenden Dunkel jetzt mehr und mehr verschwamm, sagte sie tonlos: »Wozu Schatten der Vergangenheit Namen geben. Es war einer, der sich selbst kannte und wohl wußte, daß ihm die Märtyrerkrone zu schwer geworden wäre, die zu tragen bereit sein muß, wer, sich erbarmend, andere von ihrer Schuld erlösen will.

Nach eigenem Glück, still, kampflos und klar, strebte er - und hat es dann auch gefunden bei einer, die ihm gerade das zu schenken vermochte.«

Wieder das tiefe Schweigen, beklemmend schier in der nun völligen Dunkelheit. Dann noch einmal, aus der tiefen Finsternis kommend, die müde Stimme der Unseligen. Wie ein Tasten auf qualvollem Wege: »Damals hat mich die große Rastlosigkeit erfaßt. In meinem Hause duldete es mich nicht mehr. Ich schloß es ab. Wandre seither unstet über die Erde, einsame Wege. Seh' überall Leere. Nur manchmal auf langen Meeresfahrten, wenn nachts die Wogen gegen das Schiff schlagen, und ich mich über die Brüstung lehne, glaub' ich aus der schaurigen Tiefe ein Antlitz mit ewig geöffneten, liderlosen Augen zu mir aufschauen zu sehen: es ist die Verzweiflung. Doch auch sie fürchte ich nicht mehr. Ich harre ja nur noch des letzten aller Gäste, des Gastes, für den wir nicht zu Haus zu bleiben brauchen, der uns, wo immer wir auch seien auf der weiten Welt, finden wird zu seiner Stunde.«

Der letzte Schuß

Wie war es nur gekommen? Wer hatte zuerst vorgeschlagen, von dem Theater aus, wo die Jahresrevue gegeben wurde, noch ein Stündchen beieinander zu bleiben?

Dessen erinnerte sich nachher keiner. Auch Allan nicht.

Auf der Schwelle des Theaters stehend, hatten sie den Gassenhauerrefrain von vorhin, der ihnen allen noch in den Ohren lag, vor sich hingesummt, unschlüssig, in welches Lokal zu gehen.

»In den Klub,« hatte einer gesagt, »'s ist noch das Beste.«

Und sie waren hingegangen und hatten Allan mitgenommen, der sonst den Klub nie besuchte.

Es war etwas getrunken worden. Dann hatte es geheißen: »Wollen doch mal nachsehen, wer heute jeut?«

So hatten sie den Weg in den Spielsaal gefunden.

Eine Bakkaratpartie war im Gange. »Ah, Master ist da,« sagte einer der Neuangekommenen leise, »da kann's was zu sehen geben.«

Man drängte an den Tisch. - Da saßen die Spieler. Die einen interessiert, aber doch kühl und imstande, abzubrechen, wann sie wollten: die Kartenflirter. Die anderen, deren Züge sich zu starren, tragischen Masken verwandelt hatten, deren Augen glühten wie gierige Flammen: die Leidenschaftlichen, für die Spiel einziger Ernst ist.

Mit einemmal saß Allan zwischen ihnen.

Wie war er, der doch seit Jahren keine Karte mehr anrührte, nur an diesen Tisch gekommen? War es, weil er unter den Spielern den Mann erblickt hatte, den er früher einmal in einem ganz anderen Lebensspiele als Gegner vor sich gehabt und überwunden hatte? War es Schicksal, daß er ihn in diesem Kreise unerwartet wiedersah? Mußte er sich noch einmal mit ihm messen und ihm die Gelegenheit zu später Revanche bieten?

Als Graf Masier, aufblickend, sagte: »Sie sind hier, Lord Allan? Haben uns lange nicht gesehen. Setzen Sie gegen mich?« Da klang es ihm wie eine persönliche Herausforderung, der man sich stellen muß. Er nahm die Karten, und sobald er sie in Händen hielt, vergaß er alles andere, und es durchrieselte ihn auch schon das Gefühl, das er seit Jahren nicht mehr empfunden -, war es Schmerz, war es Wonne? Das wußte er nicht, aber es war das eine, das einzige, - wie hatte er es je ohne dies, was allein wirkliches, volles Leben ist, aushalten können?

Ihr Spiel begann.

Allmählich fielen die bloßen Flirter ab. »Ne, Kinder, das ist ein Tempo, wo einem die Puste verjeht,« meinte heimgehend ein Weiser.

Zu einem Rennen ward die Partie, wo weit vor dem übrigen Felde zwei Favorits laufen, mit beinah gleichen Chancen. Sie ward zum Zweikampf, zwei Riesen standen sich gegenüber inmitten einer Schlacht von Pygmäen.

Und die Pygmäen begannen zu fühlen, daß da etwas vor sich ging, was sie nicht verstanden, etwas Unheimliches, auf das sie gebannt blicken mußten und das sie nicht enträtseln konnten. Das war kein gewöhnliches Spiel, das war ein bitterböses Ringen, ein Duell um einen Grund, den keiner der beiden je nennen würde. Gleich grausamem Stahl kreuzten sich der beiden Blicke, und sie fühlten, daß sie dasselbe dachten. Hier in dem modernen Klubzimmer waren wilde Gefühle der Urzeit in den beiden erwacht, - so mußte es einst gewesen sein, als riesige haarige Menschenaffen um das erste nackte Menschenweib rangen.

Unentschieden schwankte lange der Kampf. Doch da trat, für alle unsichtbar, eine neue Gestalt in das Zimmer und stellte sich dicht neben des Grafen Stuhl. Die Göttin des sinnlosen Zufalls war es, die so oft seltsamer Vergeltung dient. Die mischte dem Grafen die Karten. Und er gewann, gewann, - gewann die ganze Nacht.

Es fing beinahe an, peinlich zu werden, so viel zu gewinnen, dachte er. Und er blieb länger sitzen, damit der andere doch auch eine Gelegenheit habe. Jetzt haßte er den anderen gar nicht mehr, - er tat ihm beinahe leid. Und die Frau von damals in der fernen grauen Stadt? - Seltsam, wie so etwas plötzlich wieder aufglimmen kann, - eigentlich hatten sie die doch wohl beide längst vergessen.

Aber die Göttin des sinnlosen Zufalls wandte sich nicht in dieser Nacht, sondern blieb starr neben dem Grafen stehen.

Und es wuchsen und wuchsen Allans Verluste.

Als die Herren endlich aufstanden, dämmerte der Morgen schon. An den Ritzen der zusammengezogenen Vorhänge entlang stahl sich fahles Licht in den Saal.

Lord Allan hörte kaum die genaue Summe, die er schuldig blieb, und die noch im Laufe des schon hereinbrechenden Tages bezahlt werden mußte.

Es war ja auch völlig einerlei.

Es war nun alles einerlei.

Draußen wehte ihm die Frühluft entgegen. Sie war merkwürdig milde für die Jahreszeit, aber ihn fröstelte.

Ob all die weißen Marmorfiguren draußen im Park jetzt auch so fröstelte?

Plötzlich fiel ihm ein, daß die Gräfin Saltowska, an ihrem mit Nippes bedeckten Kamin sitzend, neulich mal gesagt hatte: »Wissen Sie, alle Morgen früh um fünf Uhr kommen die Regierungsputzweiber anmarschiert, singen patriotische Lieder und scheuern die Statuen ab.«

»Das sollte man sich mal anschauen,« hatte der Vicomte Merveille geantwortet, und Allan selbst hatte gesagt: »Das muß ja eine der Sehenswürdigkeiten der Stadt sein, aber fünf Uhr früh? - Brr - da schlafen respektable Menschen doch schon.«

Heute hätte er mal nachsehen können.

Aber nun stand er bereits vor seiner Haustür. Er ließ sich ein. Draußen war es schon hell gewesen. Drinnen im Flur war es noch dunkel. Sachte stieg er die Treppen hinauf, an den verschiedenen Türen vorbei. Wie er es so manche Nacht getan. Hier wohnte die Generalin von Greifenhart, die immer noch darauf wartete, von ihrer Tochter zur Schwiegermutter gemacht zu werden. Hier, ihr gegenüber, die Baronin Febrile, die darauf wartete, daß die Unfähigkeit des Gesandten in Nicaragua endlich erkannt würde und ihr Mann an seine Stelle rücke. Rechts der Tenor, der auf ein Engagement, links der Autor, der auf die Uraufführung seines Stückes wartete. Hier endlich die Equilibristin, die darauf wartete, daß die Kollegin im Zirkus bei dem berühmten Purzelbaum über den Babyelefanten endlich mal zu Schaden käme, so daß ihr die Rolle zuerteilt würde.

Was doch viel auf der Welt gewartet wird, dachte Allan, so durch alle Stockwerke der menschlichen Gesellschaft hinaus! und eigentlich immer darauf, daß einem anderen etwas Unangenehmes geschehen möge.

Worauf wartete er denn selbst?

Ah ja richtig, er wartete darauf, seinen Wohnungs-schlüssel endlich im Schloß herumgedreht zu haben.

Nun war er bei sich zu Hause.

Er trat vom Gang direkt ins Schlafzimmer, zog den Frack aus und schlüpfte in eine weiche Morgenjacke. Das Bett war aufgedeckt, aber schlafen? - nein - und er empfand doch plötzlich eine lähmende Müdigkeit.

Er ging in das vordere Wohnzimmer, wo sein Schreib-tisch stand, und auf einem Schrank die vielen chinesischen Vasen aufgestellt waren, die er aus Peking mitgebracht hatte.

Aus Peking, wohin er vor Jahren auf Betreiben seiner Eltern versetzt worden war - weil er auch damals beim Spiel Riesensummen verloren hatte. In Paris war es gewesen. Der Vater hatte damals gezahlt, und vor der Abreise nach China hatte er ihm das Versprechen abgenommen, nie wieder zu spielen. Und in Peking hatte er sein Wort gehalten, anfänglich, weil sich überhaupt keine Gelegenheit bot, es zu brechen, später, weil jenes andere Spiel in sein Leben gekommen war, neben dem, was sich mit Karten gewinnen läßt, gering erschien. Damals war es gewesen, daß er den Grafen Masier besiegt. Dort drüben stand ihr Bild. Ja, es waren schöne Jahre gewesen, in der fernen grauen Stadt! - Dann wurde er auf einen anderen Posten ernannt. Beim Abschied war er verzweifelt gewesen und hatte ihr geschworen, daß er sie nie vergessen würde, aber sie, die ihn mit allen seinen Schwächen liebte, hatte die Hände auf seine Schultern gelegt und ihm tief in die Augen geschaut, als könne sie darin seine Zukunft lesen. »Ach, Allan,« hatte sie gesagt, »mir ist so bang um dich, - und was du auch heute glaubst und sagst, ich weiß ja, daß deine Liebe nicht dauern kann, - aber wenn mein Andenken dich doch zu schützen vermöchte.«

Heute schien ihr Bild so blaß wie eine Erinnerung, die keine Gewalt mehr über uns besitzt.

Aber so am frühen Morgen sah alles farblos und seltsam aus. Draußen waren die Laternenlichter erloschen. Aus dem Dunst, der über dem Baumgewirr des Parkes lagerte, ragten die Umrisse des großen Palastes der Volksvertreter und das Denkmal einstiger Siege dieses Volkes gespenstisch auf.

Allan setzte sich in einen Sessel neben dem Ofen, der noch etwas Wärme ausströmte, er wollte nachdenken, aber er fiel sofort in bleiernen Schlaf.

Doch bald schreckte er wieder auf in dem Wahn, die Schulzeit verschlafen zu haben, und daß heute Examen sei, bei dem er bestehen müsse.

Nun fiel ihm alles wieder ein, aber doch wie ein ferner, seltsam wirrer Traum.

Zahlen. Geld schaffen.

Woher?

Allans Blicke schweiften suchend durch das Zimmer. Wer konnte ihm das Geld geben? Dort die Freunde in den Uniformen der verschiedensten Länder oder gar die vielen schönen Frauen, deren

Bilder fächerförmig die eine Wand zierten? Ach, die hatten ja selbst immer einen Pfennig zu wenig, - da stimmte die Rechnung auch nie.

Auf dem Schreibtisch standen die Bilder der Eltern. Der Vater mit dem jovialen Gesicht, das aber so leicht cholerisch werden konnte. Typus Heinrich VIII. Im roten Rock war er abgebildet, wie Allan ihn so oft gesehen hatte daheim bei Jagden, wenn man an nebligen Herbstmorgen durch feuchte Wiesen und über breite Gräben den Hunden nachreitet. Die Mutter war im Hofkleid dargestellt, das sie zur Krönung des Königs getragen und das so gut zu ihren kalten strengen Zügen paßte.

Ja, Vater und Mutter, die könnten sicher noch einmal helfen. Hingehen? Sie bitten? Aber würden sie verstehen können, was er selbst kaum begriff, wie es überhaupt möglich gewesen? Würden sie helfen wollen? Das letztemal hatten sie so hart gesagt: nie wieder. Und doch war es die einzige Möglichkeit, die einzige Rettung. Er mußte zu ihnen.

Er wollte aufspringen - -

Aber da war es Allan, als kröche von rückwärts ein seltsames Ungeheuer an seinem Sessel empor, als lege es die Tatzen auf seine Schultern und zwänge ihn, regungslos sitzen zu bleiben. Wo hatte er diese unheimliche Gestalt denn schon gesehen? Er besann sich. Richtig, nun siel es ihm ein: Neulich in der Sezession war es gewesen, da kroch auf einem Bilde dieser selbe lange, weiße Lindwurm über einen Bergrand und glotzte mit großen grünen Augen hinab auf ein kleines Dorf, das wie Nürnberger Spielzeug am Fuß des Abhangs stand. Komisch! Wie war das Ungetüm nur aus der Ausstellung entschlüpft und durch die Straßen bis in sein Wohnzimmer gedrungen, an allen Schutzleuten vorbei? -

Jetzt schob es sich schon weiter am Sessel in die Höhe, reckte sich über ihn und umklammerte ihn mit eisernem Griff, daß er sich nicht mehr bewegen konnte. Und er mußte sich doch eilen und suchen, von irgendwoher Geld zu schaffen. Aber der weiße Lindwurm ließ ihn nicht los.

Wo sollte er Geld hernehmen? Ach, warum machte man ihm dies Examen denn gar so schwer, dachte er unwillig, er mußte es doch bestehen. Und wie ein Rechenexempel wiederholte er mehrmals: »Wenn Allan um ein Uhr viel Geld braucht und keines hat, woher nimmt er es? Woher nimmt er es?«

Aber woran hatte er denn gedacht? Es mußte ja alles ganz einfach zu machen sein, niemand brauchte überhaupt davon zu wissen, auch die Eltern nicht. Er selbst besaß doch so viel Geld. Oh, wie ihn der Kopf schmerzte! Wo hatte er es denn nur hin versteckt? Wenn es ihm doch einfallen wollte, rasch, rasch, ehe die Frist verrann.

Unstet irrten seine flackernden Blicke durch das Zimmer und blieben auf den chinesischen Vasen haften. Wie frohes Erkennen leuchtete es in seinen Zügen. Richtig, dort in der ersten großen Vase, die aus blauem Grund die chinesischen Schriftzeichen des Glücks und des langen Lebens trug, - in der hatte er Haufen Gold versteckt. Jetzt rasch hineingreifen, die brennenden Hände kühlen an all den glatten, kalten Münzen! Oh, wenn man doch ganz untertauchen könnte in einem Bad solch eisig rieselnder Goldstücke, die alle Schuld tilgen, so daß man doch noch besteht!

Aber wie an die Vase herankommen? Wie sie von dort oben herabnehmen und das Geld herausholen?

Unmöglich aufzustehen, das weiße Ungeheuer drückte ihn ja in den Sessel. Nur soviel vermochte er noch sich unter den Klauen zu rühren, daß er behutsam die Hand in den Kasten streckte, der auf einem Tische neben ihm stand, und in dem die geladenen Revolver lagen. Jetzt wußte er, wie es anzufangen! Und Allan, der einen der Revolver ergriffen hatte, hob ihn und zielte nach der Vase mit dem

Zeichen langen Lebens, - so war es möglich, so überlistete er den Lindwurm, - nun nur treffen, dann würden die glänzenden Münzen schon zu ihm gerollt kommen! -

Der Schuß ging los. In Scherben lag die Vase. Aber sie war leer. Er hatte sich wohl geirrt, das Geld mußte in einer anderen liegen.

Es bereitete ihm eine Art fieberhaft erwartungsvoller Lust, schnell und schneller zu schießen und das Krachen und Bersten des feinen Porzellans zu hören. Jetzt flog die schwarze Vase nieder, auf der die roten Päonien seit Kangschis Tagen blühten, als gäbe es für sie kein Verwelken, nun folgte die weiße, auf der die Göttin Si Wang Mu, den Phönix reitend, durch die Lüfte flog und ihre Lippen zu Jahrhunderte altem Lächeln kräuselte.

Lauter Treffer, lauter Treffer, und einer bringt den großen Preis!

Allan griff nach dem zweiten Revolver.

Aber keine der Vasen enthielt das Gold. Und nun besann er sich. Der Schatz war ja nie in den Vasen gewesen. Wie dumm, so etwas auch nur einen Augenblick geglaubt zu haben, da hätte ihn ja ein jeder stehlen können. Er mußte laut lachen über den komischen Einfall, den er da gehabt hatte! - Nein, der Familienschatz, die goldenen Humpen und Schüsseln, die daheim in dem Eßsaal prangten, und der alte gleißende Schmuck - das alles wurde denn doch besser gehütet.

Immer unruhiger, mit dem Ausdruck verfolgten, abgehetzten Wildes schaute er um sich. Und da war ihm, als erspähe er, wie die Bilder der Eltern dort aus dem Schreibtisch sich verstohlen und überlegen mit den Augen zuzwinkerten, als lächelten sie belustigt über sein langes Suchen.

Also doch die Eltern! Ja, die - die waren reich! Die hüteten den Schatz. Dort, hinter ihren Bildern lag er -- nun war es klar.

Aber wie die Bilder umwenden?

Das Ungeheuer hielt ihn jetzt ja noch fester, drückte die eine Tatze gerade auf seine Brust, daß er nach Atem rang. Er vermochte sich nicht zu rühren und mußte doch das Gold haben, mußte, mußte. - Wie konnte er bis an das Herz der Eltern dringen, damit sie ihm von dem Schatze gaben?

Nur ein Weg blieb. Ja, so konnte er die Bilder wenden und das Glück und alles wenden.

Er hob die Hand mit dem Revolver, sie zitterte ein wenig. »Ruhig, Allan, alter Junge, ruhig,« murmelte er, unwillkürlich die Worte wiederholend, die der Vater zu ihm gesagt, wie er als Knabe zum erstenmal mit auf die Hühnerjagd ging, »ruhig, Allan, alter Junge, ruhig.« Er zielte nach dem Bild seines Vaters ... »Allan, du mußt, mußt« ... er drückte los ... »zahlen.«

Die Photographie fiel getroffen herab.

Aber von dem Sessel aus, in dem er wie unter Ketten keuchend saß, konnte er es gleich sehen - gar kein Gold hatte dahinter gelegen.

»Hätt' es wissen können, daß mir der nie helfen würde,« sagte Allan bitter, »aber nun versuch ich es bei Mutter.«

Und er zielte auf die Frau in Perlen- und Diademschmuck. Das Bild sank herab. »Verdammt!« - Auch hinter der Mutter bargen sich keine Schätze.

Aber was war das? Er hörte lärmen und rufen, man rüttelte draußen an der Tür? Wer konnte das jetzt schon sein? Es war doch eben noch Nacht gewesen. - Sicher Leute, die ihm den Schatz entwenden wollten!

Aber wo konnte das viele Geld nur vergraben sein?

Wo? Wo?

Und da fiel es ihm plötzlich ein: in seinem eigenen Kopfe hatte er es ja versteckt! Ha, ha! Wie hatte er das nur vergessen können! Es rollte und klopfte und hämmerte ja in seinem Schädel, das viele Gold, und wollte heraus! Nun aber schnell, ehe die Leute, die da draußen poltern, herein kamen.

Hatte er denn noch eine Kugel? - Ja, die letzte! Rasch, rasch, die Pistole an die Schläfe, den Schatz zu heben ...

Da fiel der letzte Schuß.

Am Ende der Welt

Durch die trägen blauen Fluten gleitet seit Tagen schon südwärts das Schiff. In dem traumhaften Flimmern und Verschwimmen von Himmel und Wasser ist alles nur Wiegen und Wallen, Ineinanderströmen und Sichlösen. Sonnenlicht, das, mit blendenden Strahlen Wogen durchleuchtend, in des Ozeans Abgrund erlischt, - Wassertropfen, die, von Sehnsucht getrieben, aufwärts sich heben und als bläulicher Dunst in den heißen Lüften zerfließen. Meereseinsamkeiten voll schimmernder Farbenflecken, die spielend wechseln, ehe das Gedächtnis ihren Namen noch fand, - Himmelsunendlichkeiten, die die Blicke in sich aufsaugen, wo das Bewußtsein sich verliert im Ahnen vergangener und werdender Welten.

Und inmitten dieser opalisierenden Ungreifbarkeiten, dieser umrißlosen Gegenwarten verflattern auch die Erinnerungen, entweichen die Begriffe, vergeht alles Festgewähnte. Altgewohnte Vorstellungen versinken, werden verdrängt durch ein Schwanken zwischen wimmelnden Möglichkeiten. Und plötzlich taucht der Gedanke auf, daß alles je Gedachte auch umdenkbar sein müßte.

Andere Augen und alles würde anders erscheinen, denn nicht zwei Wesen sehen das gleiche Bild. Verschiedene Welten schafft sich ja ein jedes einzelne Leben in seinem kurzen Laufe, wechselnde Glauben hegte es hoffend, nur um ihnen enteilend zu sagen: »Ihr wart nicht die wahren, denn ich selbst erdachte euch ja.« Sollten sie mehr gelten, weil einst viele sich zu ihnen bekannten?

Weiter, weiter! Denn nichts ist. Nur selbst ersonnene Bilder umgeben uns, und nichts, was vergänglichem Gehirne entstammt, darf dauernden Einfluß heischen. Unrecht heißt heute, was morgen zu erkämpftem Rechte wird. Und ist eines so trügerisch wie das andere. Denn was wäre nicht Irrtum? Recht und Unrecht, Lohn und

Strafe? Vergängliche Formen, in die wir zerschmelzenden Schaum zu bannen trachten; Worte, die etwas länger bestehen als die undeutlichen Begriffe, denen sie Namen waren; Worte, die kommende Sprachen vielleicht nicht enthalten werden, und deren vergessenen Sinn künftige Grübler dann mühsam enträtseln werden. Wandelbar ist alles, weil wir selbst dem Wandel entstammen, und die Träne, die wir heute weinen, vielleicht einst aus regenschwerer Wolke auf dürstende Erde herniedersank.

Ja, bei solch traumähnlichen Fahrten auf südlichen Meeren, da gibt es sonderbare Stunden, wo die Dinge, in übermäßigem Lichte sich lösend, vor uns zu entweichen scheinen, und wir nicht genau mehr wissen: wird unser Schiff noch wie von altersher von Wasser getragen, oder sind wir es selbst, die, aller gewohnten Fesseln und Zusammenhänge bar, in neuen Möglichkeiten frei durch den Raum fluten? - Stunden, wo sich dann solch fragendes Zweifeln an allem Bestehenden wie ein Mittagsgespenst hervorwagt!

Doch schwindelnd suchen die Augen gar bald wieder einen Halt in der flimmernden Leere, schwindelnd auch tastet der Geist aus der Welt der Unwirklichkeit sich zurück nach irgendeiner der wohlvertrauten Stützen, der altehrwürdigen Unumstößlichkeiten, die Sicherheit gewähren.

Und neben all diesen umrißlosen Gegenwarten, diesem Sein, das ein Zergehen ist, bleibt ja doch immer ein Ruhepunkt: dort, die scharf gezeichnete Küste des langgezogenen Kontinents, dessen Lauf das Schiff schon seit Tagen folgt, sie gewährt ihn. Denn das ist Wirklichkeit, das ist Festland. Und wie auch die gedehnten Wogen der Dünung, in nimmer rastendem Anschwellen und Zurückebben, auf und nieder schwanken, wie es auch flimmern und zittern mag, dort wo Himmel und Erde in trügerischer Ferne sich vereinen, dies feste Land steht während der ganzen Fahrt da, als müsse seine unerschütterliche Tatsächlichkeit Ziel und Richtung weisen. Unbeweglich der schmale Streifen öden gelben Sandes mit der kahlen, steinigen Küstenkordillere dahinter, unbeweglich auch die schneeigen Gipfel der fernen, höchsten Gebirgskette, die, wie ungeheure Last, auf den starr ragenden Felsen lagern. An jedem Frühmorgen seit Äonen haben sie so dagestanden, die eisigen Riesen, in fahler Bläue, kalt und unabänderlich wie mathematische Formeln - und immer noch liegt ihre nie wechselnde Gegenwart hinter dem verwirrenden Zauber des zitternden Mittagslichtes, wie hinter dem beklemmenden Dunkel der Nächte, die der Schimmer des südlichen Kreuzes nur schwach erhellt. Der Gesetzmäßigkeit gleicht die starre Berglinie und leitet sicher jene, die ihr folgen.

Auf dem Schiffe, das dem Festland entlang durch die Fluten gleitet, fahren viele Leute. Alltäglich ausschauende, gelangweilt dreinblickende Menschen sind es zumeist, die, Karten spielend oder Zigaretten rauchend, in der Hitze auf dem Verdeck herumlungern und die Tage vergähnen. Menschen, die die Dinge sehen und hören, ohne je zu trachten, ihren geheimen Sinn zu deuten.

Doch eine ist auf dem Schiff, die das wechselnde Wellenspiel in seiner Symbolik ewig unfaßbaren Schwankens und Wandelns ebenso versteht wie die Stimme des Gebirges, die mit eherner Sprache unerbittliche Gesetze zu künden scheint. Eine, die auffällt, inmitten all der übrigen gleichgültig wirkenden Passagiere mit den nichtssagenden Gesichtern, die, kaum gesehen, auch schon wieder vergessen sind. Nicht daß diese Eine besonders schön wäre. Vielleicht sogar eher das Gegenteil. Aber es hält überhaupt schwer, zu erraten, wie sie einst gewesen sein mag. Jetzt ist sie wie erloschen und verwischt. Als sei aus des Schicksals schlimmster Wetterecke ein Sturm über sie dahingefegt und habe sie entblättert zurückgelassen. Und seltsam still ist sie, spricht mit niemand und scheint doch allen Angestellten des Schiffes wohl bekannt. Abseits sitzt sie zumeist, regungslos, mit halb gesenkten Lidern, als solle niemand in ihre Augen blicken, Augen, in denen unabänderliche Trostlosigkeit wohnt, Nie beteiligt sich die Eine an den stumpfen, gähnend geführten Gesprächen der anderen Passagiere, noch belästigt sie wie diese den alten Kapitän mit den stets wiederkehrenden Fragen über Dauer der Fahrt, über Land und Leute da drüben. Vielleicht kennt sie die Antworten zur Genüge.

Der Kapitän aber läßt sich nie lang bitten und wiederholt für die Neulinge unter seinen Fahrgästen wohl zum hundertstenmal das bißchen, was sich über diese öde Küste sagen läßt. Eine Küste ist es ja, die zwar dem ausgesogenen ermüdeten Boden der alten europäischen Welt alljährlich viele tausend Tonnen künstlicher Nahrung liefert, auf daß er von neuem Pflanzen erzeugen könne, die selbst aber keinen Halm, kein Blättchen trägt. Leer, wie leblos liegt sie da. Nur stellenweise erheben sich Lehmhüttenverbände aus der einförmigen gelben Sandmasse. Der Kapitän deutet auf sie und nennt die Namen dieser armseligen Siedelungen, die hier Städte heißen. Und an einem ganz besonders trostlos blickenden Orte weist er auf ein Haus, das eine leuchtend grün gestrichene Haustür besitzt - das einzige Grün weit und breit. Dazu erzählt er: Ein armes Maultier, das einst hier vorbeigekommen, nachdem es seit Jahren kein frisches Grasfutter mehr erhalten, habe sich in irrtümlicher Wiedersehensfreude auf diese grüne Tür gestürzt und versucht, die Farbe abzufressen.

Blöde lachen die Passagiere.

An der Einen aber geht das alles spurlos vorüber. Zwar starrt auch sie bisweilen von ihrem einsamen Platz auf dem Verdeck nach jener Küste - aber nicht, um irgendwelche Histörchen darüber zu vernehmen. Das Land dort drüben muß für sie wohl etwas anderes bergen - es ist, als harre sie des endlichen Auftauchens eines zwischen Grauen und Hoffen ersehnten Zieles. Wenn dann aber der Dampfer an einem der vielen elenden Küstenplätze hält, die keinen Hafen bieten, sondern vor denen die Schiffe weit draußen in der flachen See vor Anker gehen müssen, so scheint es nie der Ort zu sein, nach dem sie Ausschau hielt. Teilnahmslos läßt sie die anderen Passagiere landen, die Not oder Neugier an diese entlegenen

Gestade brachte, und achtet nicht all des Getriebes um sie her, der seltsam fremdländischen Boote, der Flöße mit zerfetzten Segeln, auf denen dem Dampfer vom Lande her neue Passagiere und Frachten zugeführt werden. Sie blickt an ihnen vorbei, des Sehens müde. Sie achtet auch nicht auf das Schnattern und Kreischen tropischer Vögel und Affen, die von den zerlumpten Mischlingen vieler Menschenrassen mit Rufen und Schreien zum Kauf angepriesen werden. Überdrüssig scheint sie allzuoft gehörter Laute.

Sie wartet.

Und immer trostloser, immer verlassener wird die Küste, als bilde sie den Eingang zu einem Reiche Abgeschiedener. Immer leerer ist das Schiff geworden. Wer möchte freiwillig hier reisen wollen!

Aber eines Morgens ist Unruhe über die Einsame gekommen. Gerade hier, wo das Ende alles Seienden erreicht zu sein scheint, da erwacht sie zum Leben. Früh schon ist sie auf Deck und späht noch gespannter als sonst über die Wogen hinaus.

Und endlich hält das Schilf. Rasselnd geht die Ankerkette nieder. Schon steht die Reisende am Fallrepp. Ein Schilfsoffizier geht an ihr vorüber, zieht die Uhr und sagt: »Verspäten Sie sich nicht, wir fahren bald weiter.«

Sie nickt. Weiß ja so gilt, daß die Zeit ihr hier immer kurz bemessen scheint - hier, wo sie allen anderen so endlos lange dünkt.

Am Seil ist sie dann vom Dampfer aus in einer offenen Tonne zum Boot hinabgelassen worden, das in der Dünung heftig auf und nieder geht. Von abenteuerlichen Gestalten, die aus Mischungen von Spanier- und Chinesen-, Neger- und Indianerblut zu grotesker Absonderlichkeit entstanden, wird sie dem Lande zugerudert.

Immer deutlicher taucht seine abschreckende Trostlosigkeit auf. Ein Punkt der Welt ist es, der nur die Trennung von Himmel, Wasser und Erde erlebte und an den übrigen Schöpfungstagen vergessen ward. So kahl und unbekleidet, bar jeder verhüllenden Pflanzengewandung.

Knirschend fährt das Boot auf am Strande.

Die Reisende steigt aus.

In unbarmherzig glühendem Sonnenbrande watet sie durch den rieselnden Sand hinan zur Düne. Oben erst gewahrt man, wie weit zurück die vom Schiff aus nahe gewähnte Gebirgskette sich in Wirklichkeit erhebt. Davor liegt noch eine öde blendende Ebene. Und auf ihr als erstes ein Kirchhof. Kahl und schmucklos. Denn wie die Lebenden, besitzen hier auch die Toten weder zierenden Strauch, noch duftende Blume. Kleine Steinhaufen kennzeichnen allein die einzelnen Grabstätten. Doch nicht dauernde Ruhe gewähren diese. Eben ist ein Grab frisch ausgeschaufelt worden; dabei sind Schädel und Gebeine des Toten, der bisher drin bestattet war, achtlos weggeworfen worden; zerstreut liegen sie nun umher; die Sonne glüht auf sie nieder, der Wind weht etwas ihres Staubes davon.

Schaudernd gewahrt es die Reisende.

Ein Dorf liegt vor ihr. Eigentlich nur eine einzelne Straße. Gefolgt von der stier gaffenden, vielfarbigen Bevölkerung, schreitet sie zwischen elenden Hütten. Fensterlos sind diese kümmerlichen Behausungen, aus Rohrgeflecht erbaut, über das Lehm gestrichen. Aber an vielen Stellen ist dieser Bewurf abgefallen, und die Gerüste grinsen hervor - auch diese bleichen Gerippen gleich.

Und dann folgt, abseits gelegen, und von einer hohen Lehmmauer abwehrend umgeben, ein großes weißes Haus.

Hier bleibt die Wanderin endlich stehen. Und muß von dem Anstieg durch den tiefen Sand wohl sehr ermüdet sein, denn sie ist ganz blaß geworden, preßt die Hand gegen das Herz und schöpft mehrmals tief Atem, ehe sie sich entschließt, gegen das Tor zu pochen.

Leichte Schritte nahen von innen, die Tür wird geöffnet, und in der Torumrahmung erscheint die Gestalt eines beinahe noch knabenhaften Indianerjünglings von seltsamer Schönheit. Überraschend, nach all der zerlumpten Menschheit draußen, wirkt schon sein schneeiger Linnenanzug mit dem grellroten Gürtel, der in lässiger Grazie um die beinahe allzu dünne Taille geschlungen ist. Der Knabe muß die Reisende wohl kennen, denn sobald er sie erblickt, verneigt er sich leicht, mit einem rätselhaften, beinahe spöttisch überlegenen Lächeln auf den weichen Lippen, und ladet sie durch eine Gebärde der schmalen, wohlgepflegten Hand ein, den Hof zu beitreten. Sorglich verschließt er dann das äußere Tor hinter ihr, als scheue er Späher, und mit wiegendem Gange schreitet er voran, sie in das Haus zu geleiten.

Nur durch die eine dünne Lehmmauer von der Öde draußen getrennt, erscheint doch dieser Hof wie zur Welt eines fremden fernen Sternes gehörig. Mit schillernden, in der Sonne glitzernden Kacheln sind die Wege gepflastert. An ihnen entlang stehen große, bunt glitzernde Vasen, auf denen sich phantastische grüne Drachen im Kampf um rot glühende Sonnenbälle ringeln. Und hier sind auch Pflanzen. Unwahrscheinliche Pflanzen. Ganze Reihen des geheimnisvollen Arum, das, mit seinem lang vorgestreckten violetten Horne und orange gefleckten fetten Blütenblatte, ohne Erde zu leben vermag. Und Kakteen aller Gattungen, kleine stachlige, kuglig wie zusammengerollte Igel; hohe, regelmäßig verzweigte, die sich wie große Leuchter am Weg erheben; bizarr verschnörkelte, die, verkrüppelten Gestalten gleich, ihre Glieder im Schmerz zu winden scheinen. Und dazwischen, Blumen ersetzend und auf goldenen Reifen schaukelnd, eine Fülle leuchtender, schimmernder Papageien, metallisch blaue, brennend rote, silbrig graue mit rosigen Köpfchen. Ein seltsam unwirklicher, fieberndem Hirn entsprossener Traumgarten, von der hier auf der Innenseite tief purpurn gemalten Mauer geheimnisvoll umschlossen. Eine Schöpfung in gewollter Auflehnung gegen die farblose Umwelt draußen, voll grellster, frechster Buntheit ersonnen.

Nach dem Flammen und Flirren, dem Glänzen und Gleißen im sonnengetränkten Hofe, dünkt es die Reisende doppelt finster in dem Hause mit den sorgfältig verhängten Fenstern. Ihre geblendeten Augen vermögen zuerst nichts zu unterscheiden, doch sie bewegt sich, als ob sie alles genau kenne. Mechanisch sinkt sie auf einen Diwan nieder, den sie nicht sah, von dem sie aber zu wissen scheint, daß er immer da gestanden. Der Jüngling ist mit ihr hereingehuscht und steht nun schweigend in dem schattenhaften Raume, dessen eigentliche Weite sich nur ahnen, nicht ermessen läßt.

Und dann taucht allmählich ein heller Fleck aus dem Dunkel. Eine Spukerscheinung, ein umrißloser Schemen ist es. Doch es wächst empor und formt sich. Dehnt sich zu hoher göttergleicher Gestalt. Und ist plötzlich verdoppelt, verzehnfacht vorhanden, von allen Seiten in blassem Aufleuchten aus dämmernden Tiefen wiederholt. Von überall zugleich drängt sich das regungslose schneeige Wesen den Augen der Reisenden aus. Atemberaubende Angst erfaßt sie. Sie will es nicht sehen müssen - und kann sich doch nicht vor ihm retten. Hundert weiße Gegenwarten verfolgen sie in dem dunkeln Raum, verfolgen sie mit dem frech höhnenden Grinsen siegesbewußter Feinde.

Sie vermag es nicht mehr zu ertragen. Stöhnend winkt sie dem Knaben, daß er ein Fenster öffne. Und da, vor dem hereinflutenden Sonnenlicht, versinkt alsobald der sinnverwirrende Zauber: die mildweiße, marmorne Nachbildung einer berühmten Statue des Altertums, durch gegenüberhängende Spiegel in fortlaufender Wiederholung erscheinend, ist alles, was davon bleibt.

Mit leiser, noch bebender Stimme, als fürchte sie schlimme Geister von neuem zu rufen, wendet die Frau sich nun mit einer Frage zu dem Knaben. Er antwortet und hat dabei ein geringschätziges Achselzucken.

Eindringlicher flüstert sie darauf: »Ist es heute denn wirklich wahr, daß er fortgeritten?«

»Aber ja doch,« erwiderte der Knabe, mit kaum verhehlter Ungeduld, »sobald der Rauch des Dampfers weit draußen auf dem Meere sichtbar wurde, ließ er schon satteln, und vorhin ist er dann fort. Vielleicht kann ihn die Señorita sogar noch sehen.« Er beugt sich aus dem Fenster, das der Landseite zugekehrt ist, und ruft: »Richtig! Dort drüben, da ist er!«

Und wirklich gewahrt nun auch die Fremde, draußen auf der schier endlosen weißen Sandebene, einen der fernen blauen Gebirgskette zueilenden Reiter.

Doch der reitet nicht, der jagt davon, mit verhängten Zügeln und weit vorgebeugtem Kopfe, jagt, wie nur solche jagen, denen die Verzweiflung im Nacken hockt und die Verachtung mit ihren erbarmungslosen Peitschenhieben johlend folgt - denen nichts mehr bleibt, als an den ehernen Felsen gleichenden Gesetzen zu zerschellen, gegen die sie sich mißachtend aufzulehnen trachteten.

»So treibt er es meist an den Tagen, wo die Dampfer hier anlegen,« sagt der junge Indianer mißbilligend.

»Sind die erst wieder fortgefahren, so kommt er zurück und schließt sich dann stundenlang mit den neuen Zeitungen ein. Ich packe indessen die Sachen aus, die mit dem Schiff gekommen sind. Für mich ist auch immer irgend etwas Schönes dabei, das er mir bestellt hat. Und dabei gleitet ein selbstgefälliges Lächeln über seine weichen Lippen.

Aber die fremde Frau hört sein Geschwätz gar nicht mehr. All ihre anderen Fähigkeiten sind wie ausgelöscht, sie kann nur noch sehen - sehen. Ihre ganze Lebenskraft ist in ihre Augen gebannt. Mit ihnen saugt sie das Bild dort draußen in sich ein, heißhungrig, wie eine lang Verschmachtete, gierig, als könne sie große Vorräte davon aufspeichern. Denn sie weiß ja: von dieser Stunde, von dem Blick auf jene ferne, fliehende Reitergestalt wird sie nun wieder lange zehren müssen.

Doch allzubald ist der Enteilende verschwunden.

Schwindelnd von dem angestrengten Schauen auf die blendende Fläche wendet sich die Reisende endlich vom Fenster ab und schreitet zurück ins Zimmer. Dabei kommt sie an einem der vielen Spiegel vorbei, und unbarmherzig wirft er ihr das eigene Bild zurück, in all seiner ergreifenden Verfallenheit, seinem bleichen Harme. Unwillkürlich bleibt sie stehen, hinstarrend auf das, was das Leben grausam aus ihr gemacht, als könne sie hier vielleicht Erklärung für schauriges Rätsel finden. Und zurücktastend in die Vergangenheit, sucht sie sich zu vergegenwärtigen, wie sie damals ausgesehen, vor vielen Jahren, als sie und jener Reiter sich in der fernen Welt der Lebenden gekannt.

»Die Schöne«, - »die Hübsche« wurde sie auch damals wohl von niemand genannt. Aber bisweilen wollte es sie doch dünken, als müsse sie gerade ihm anders erscheinen als allen anderen, als stände sie vor ihm so fein und durchsichtig wie Glas, daß er gar nicht anders könne, als all die Liebe aus ihr leuchten zu sehen, die ihm gehört hatte ihr ganzes Leben lang. Aber er hatte sie nicht geliebt. Nicht einmal beachtet. Und in verzagendem Bescheiden hatte sie sich damals vorgehalten, daß ihre eigene Unscheinbarkeit seiner ja auch gar nicht wert sei, seiner, den sie, in seinem eigenartigen Wesen, seinem überfeinerten Geschmack und seltsam schillernden Geiste anbetete gleich einer geheimnisvollen Gottheit ... Und trotz allem, was sich seitdem ihrem schaudernd widerstrebenden

Verstehen offenbart, steigt auch heute vor diesem Spiegel die oft gedachte Frage wieder in ihr auf: »Wäre vielleicht doch alles anders gekommen, wenn ich zu jenen Frauen gehört hätte, die so schön sind, daß sie überall Begehren erwecken, Frauen, denen niemand widersteht, deren Bild in den Herzen der einzelnen und in den Seiten der Geschichte unauslöschlich eingegraben ist? Hätte er mich dann zu lieben vermocht?« ... Längst ja kennt sie die unerbittliche Antwort: »Nein, auch dann nicht!« Aber sie kann sich noch immer nicht damit abfinden, will es nicht fassen, daß auf ihm selbst dunkeln Schicksals Fluch ruht, durch den er unheimlichen Mächten verfallen. Immer wieder seufzt es sehnsuchtsvoll in ihr: »Ach warum, warum war es mir nicht gegeben, ihn zu erlösen!«

Doch während sie Unabänderlichem also nachsinnend, in erbarmender Liebe fremde Schuld mit eigenem Mangel demütig zu erklären trachtet, kommt ihr plötzlich die Nähe des Jünglings, den sie ganz vergessen hatte, zum Bewußtsein. Aufschauend gewahrt sie im Spiegel sein Antlitz neben dem ihren. Seine dreiste Schönheit - ihre welken, von langem Gram durchwühlten Züge. Sie fühlt, wie sein frech glänzender Blick geringschätzig ihren halb erloschenen Augen begegnet. Ein scharfer Schmerz durchzuckt sie dabei und zugleich brennende Scham. Hat der Knabe bei dem so ungleichen Doppelbild im Spiegel ähnlich vergleichende Gedanken gehabt wie sie selbst? ... Mit lässiger Selbstgefälligkeit dehnt er jetzt die knabenweichen Glieder, und ihr ist, als trüge er dabei den ihr wohlbekannten, höhnenden Ausdruck eines siegesbewußten Feindes - ja, ganz denselben Ausdruck, den die Gemarterte vorhin auf den marmornen Zügen des Antinous zu gewahren wähnte! Und wie vorhin die weiße Statue im dämmernden Raume, so wächst jetzt vor ihr die Gestalt des lebenden Jünglings zu etwas Überwältigendem empor, etwas Furchtbarem, Drohendem, etwas, das sie von allen Seiten verfolgt, vor dem es kein Entrinnen gibt: das Symbol eines unfaßlich grauenhaften Verhängnisses, das einst jenen anderen und mit ihm sie selbst vernichtet hat.

Schrill tönt da durch die Stille ein langgedehntes Pfeifen vom Meere her. Der Dampfer ruft zur Abfahrt. Und in plötzlicher Zerschlagenheit aller Glieder verläßt die Reisende das unselige Haus, watet dann mühsam mit zitternden Knien den wohlbekannten sandigen Pfad zurück zu den harrenden Ruderern am Strande.

Oftmals schon ist sie auf diesem Weg gekommen und wieder gegangen. Seit langen Zeiten ja fährt sie so an dieser Küste entlang - alljährlich einmal - zweimal - allemal, da Sehnsucht und Trauer um jenes verlorene Leben ihr daheim keine Ruhe lassen. Wird wohl noch manchesmal wiederkehren - wissend doch, daß sie nicht ihm, nicht sich je kann Erlösung bringen.

Am Abend, als aus endlosen Höhen des südlichen Kreuzes schwacher Schimmer herniederglänzt, und das Schif in schwüler Dunkelheit weiter durch die stillen Fluten gleitet, sitzt der Kapitän mit einigen der spärlich gewordenen Passagiere zusammen auf dem Verdeck. Und er schließt seine Erzählung: »Es gelang damals seinen Angehörigen - sie gehören bei uns drüben zu den ganz großen Leuten - den drohenden Skandal zu ersticken und ihn noch rechtzeitig fortzuschaffen. Seitdem bezahlen sie ihm eine bestimmte Summe jährlich, die mit jeder Meile wächst, die er weiter fort von England lebt. Er hat sich diesen Platz ausgesucht - na und da ist er ja auch wohl tatsächlich am Ende der Welt.«

Angaben in eckigen Klammern beziehen sich auf die Seitenzahlen der Originalausgabe von 1921, erschienen bei der G. Grote'sche Verlagsbuchhandlung, Berlin.